KB210977

행복을 잃어버린 크리스천

행복을 잃어버린 크리스천

○ 신상래 지음 ○

좋은땅

들어가기

필자가 처음 교회에 발을 디딜 때가 대학 4학년 무렵이었다. 필자의 가정은 교회와 아무런 상관이 없었으며 가족들은 물론 가까운 친인척들도 교회에 다니지 않았다. 대학생활을 하면서 전도하는 친구들의 권유를 받아 본 적이 없지는 않았지만 귓등으로 듣고 흘려버렸다. 그러나 아버님이 사업에 실패하여 졸업할 때까지 우유배달을 하며 학비를 벌어야 했고, 학군장교훈련을 받으면서 학업을 병행하는 것은 실로 힘들고 어려운 일이었다. 그래서 고단한 청춘의 시절을 술에 취해 잠을 청하곤 했다. 교회를 처음 가게 된 이유는, 어느 날 술에 취해 기독교인들이 하는 기도를 해 보았다. 그랬더니 기적처럼 응답이 쏟아지는 것이 아닌가? 이런 일을 여러 번 체험한 후에 하나님이 실존하시다는 것을 인정하지 않을 수가 없었다. 그래서 제 발로 교회를 찾아 들어갔다. 대학을 졸업하고 학군장교로 임관을 하여 제대를 하고 서울에 직장을 다니면서 신앙이 돈독한 아내를 얻었고, 달콤한 신혼의 꿈에 부풀어 있을 때, 하나님의 능력으로 백만장자가 되어 선교 사업도 하면서 폼 나게 살아 보아야겠다고 결심했다.

기복신앙과 번영신학을 따르는 대표적인 대형교회로 세간이 이목을 주목하던 교회였다. 담임목사는 틈만 나면 '네 입을 크게 벌라 내가 채우리라'는 성경구절을 전가의 보도처럼 선포하였고, 이를 믿음으로 받아들이는 것이 성공하고 잘사는 비결이라고 믿어 의심치 않았다. 그래서 삼십

대 초반에 잘나가던 직장에 사표를 던지고 엄청난 대출을 얻어 사업을 시작하였다. 그러나 빚으로 시작한 신출내기 사업가에게 성공의 길은 애당초 보이지 않았다. 몇 년 되지 않아 사업은 곤두박질쳤고 필자의 인생은 그것으로 끝이 났다. 신혼부부의 꿈은 산산조각이 났고 어렵사리 장만한 집은 순식간에 날아갔으며 참혹한 인생은 무지막지하게 떠내려갔다. 지푸라기라도 잡는 심정으로 목회자의 길을 걸어가면 하나님께서 수렁에서 건져 주실 거라는 기대로 신대원에 들어가고 졸업을 하자 빚은 걷잡을 수 없게 불어나 있었다. 자장면 배달, 우유 배달, 다단계 사업, 보험설계사, 영어 강사 등 닥치는 대로 일하고, 길거리에서 계란빵을 굽고 노동판에도 뛰어들었지만 불행으로 깊이 빠진 삶은 회복의 기미가 보이지 않았다. 세월이 흐르면서 가느다란 희망마저 실망과 절망으로 변해 갔고 인생을 포기한 사람처럼 낚시터에서 긴 하루해를 보내게 되었다. 회한과 절망으로 뒤섞인 절규로 하나님을 부르면서 한 번만이라도 기회를 달라고 외쳤다. 그 사건이 필자가 하나님을 부르는 기도를 시작하게 된 계기가 되었다.

그렇게 20여 년이 흘러서, 풀리지 않은 인생의 문제를 조언하는 글을 쓰고 있으니 감개가 무량하다. 필자의 인생이 풀리기 시작한 것은 필자의 의지나 노력등과 아무런 상관이 없었으며, 더욱더 기가 막힌 사실은 신앙과도 별개였다는 것이다. 사실 필자의 인생이 이렇게 꼬인 이유는 기복신앙과 번영신학을 추구하는 교회의 가르침에 무분별하게 넘어갔던 필자의 어리석음과 무지 탓이 크다. 교회에서 자기 확신을 믿음으로, 자의적으로 아전인수식으로 해석한 성경구절을 짜깁기해서 그게 축복을 받는 믿음이라고 가르친 덫에 걸린 것이었다. 필자도 예외 없이 각종 예배의식에 열정적으로 참석하고 희생적인 교회봉사에 기도원에 가서 부르짖으며 기도하면 성공적인 사업을 하게 될 거라는 터무니없는 자기 확신의 믿음을 가지고 있었다. 그래서 막대한 은행대출을 얻어 사업에 뛰어들었으니 마치 불나방이 모닥불에 뛰어드는 것과 다르지 않았다. 그러나 당시는 경제성장 덕분에 사람들의 지갑이 두둑해졌기 때문에 탐욕스러운 목회자들은 그게 하나님의 축복이라고 대거 홍보를 해서 돈에 눈이 먼 교인들이 맘몬의 덫에 빠졌다. 필자 역시 그런 세속적인 마음으로 교회마당을 밟다가 덫에 걸린 것이었다. 그 후로 오랜 시간동안 낙담과 절망의 때가 있었고, 그렇게 한참을 하나님을 부르는 기도로 세월을 보내고 나서 성령께서 찾아오셔서 그분과 동행하며, 필자의 무지와 어리석음을 깨닫게 되었다.

이런 신산한 삶의 이유가 비단 필자의 경우에 불과한 것은 아닐 것이다. 필자가 30여 년이 넘게 교회마당을 밟으면서 수많은 교우들의 신앙과 삶을 들여다보게 되었다. 그들 대부분은 열정적이고 희생적인 신앙생활을 하고 있었음은 물론이다. 그러나 이렇게 하나님께 충성하는 교인들이라면 세상 사람과 구별된 삶을 살고 있어야 할 것이 아니겠는가? 그러나 전혀 그렇지 않았다. 아니 막대한 헌금을 교회에 지출하기 때문에 재정적으로 더욱 어렵게 살고 있었으며, 직장생활이나 가정생활을 빼고 대부분의 시간들을 교회예배나 소모임, 전도행위, 교육 프로그램의 참석하느라고 파김치가 되는 것은 물론 가족들과 대화를 나눌 시간도 없이 살고 있었다. 예수님은 우리에게 쉼 있는 인생을 약속하시지 않았는가? 그런데 어찌된 일인지 교회 일에 바빠서 세상 사람보다 더 고단하고 피곤한 삶을 살게 되었는지 모를 일이다. 물론 이러한 신앙생활에 하나님이 함께하셔서 순적하고 형통한 삶을 영위하게 해 주셨다면 환호하며 기뻐할 일이다. 그러나 아쉽게도 우리네 교인들에게 이런 일은 일어나지 않았다. 그럼에도 우리네 교회지도자들은 이 문제에 대해 구린 입을 다물고 있다. 자신들도 코가 석 자이기 때문이다. 대형교회나 중견교회의 담임목사가 아닌 대다수의 목회자들은 빈곤층이다. 이혼한 목사들도 널려 있고 비행 청소년인 자녀를 둔 목회자들도 허다하다. 이렇게 자신들의 삶도 문제투성이인데 어떻게 교인들에게 해결책을 제시해 주며 문제를 해결해 주겠는가? 겨우 한다는 말이, 하나님께서 고난을 주신 이유는 연단을 받아 견고한 믿음을 주셔서 축복해 주실 거라는 덕담과 위로를 건넬 뿐이다. 그러나 그 말에 아무런 힘이 없다는 것을 모르는 교인들은 없다.

그래서 이 책을 쓰게 되었다.

교회를 열심히 다니는데도 왜 내 삶은 고단하고 팍팍한지 누군가는 이 질문에 대한 대답을 해 주어야 할 의무감을 느끼기 때문이다. 성경에 선포한 수많은 하나님의 약속을 설교강단에서 쏟아부었던 목회자들이, 왜 성경에서 약속한 축복을 삶의 현장에서 경험하지 못하는지 대답을 해 주어야 하지 않겠는가?

필자가 하나님의 축복으로 어떻게 이렇게 놀라운 삶을 살게 되었는지, 고통받고 있는 크리스천들에게 알려 주고 싶다. 그래서 당신도 이 책을 통해 형통하고 행복한 삶을 살게 되었으면 좋겠다.

충주의 한적한 시골에서

차례

제1부

하나님은 어떻게 세상을 다스리시는가?

1장

세상을 통치하시는
하나님의 원칙

크리스천이라면 하나님께서 세상을 창조하시고 만물을 지으시고 우주를 운행하시며 대자연을 섭리하시고 인간의 생사화복을 주관하신다고 철석같이 믿고 있다. 그래서 영접기도를 하고 주일성수를 하는 교인들은 자신들을 통치하시는 왕이 하나님이심을 믿어 의심하지 않는다. 물론 그럴 것이다. 그러나 중요한 것은 성경에서 밝힌 하나님의 뜻이며, 자신이 지식으로 알고 믿고 있는 사실과 성경에서 말하는 내용이 일치해야 할 것이다. 그러면 성경에서 말씀하시는 원칙들을 촘촘하게 살펴보자.

하나님은 누구를 통치하시는가?

우리의 씨름은 혈과 육을 상대하는 것이 아니요 통치자들과 권세들과 이

어둠의 세상 주관자들과 하늘에 있는 악의 영들을 상대함이라(엡 6:12)

성경에는 세상을 다스리고 통치하는 인물은 하나님이 아니라고 말하고 있다. 세상의 임금은 바로 사탄과 귀신들인 악한 영들이다. 이 세상 임금은 심판의 날이 되어야 비로소 쫓겨날 것이라고 밝히고 있다. 그렇다면 귀신들이 통치하는 사람들은 누구인가? 바로 죄인들이다. 하나님은 거룩하셔서 죄를 미워하시며 죄인을 가까이 하실 수 없는 분이시기 때문이다. 말하자면 이 세상은 악한 영들이 왕 노릇을 하고 있으며 그들의 백성은 죄인들이다. 그렇다면 하나님은 누구를 다스리시는가? 하나님이 통치하는 백성들은 죄가 없이 거룩하고 깨끗하여진 의인이다. 그래서 하나님은 의인의 기도를 들어 주시고 악인의 기도는 외면하시는 이유이다. 그렇다면 예수를 굳게 믿고 교회에 열심히 다니며 교회 봉사를 하면 저절로 의인이 되는가? 물론 그래야 할 것이다. 그러나 성경에서 말하는 믿음은 자기 확신이나 교회지도자가 성경 구절을 들이대며 말하는 것이 아니라 하나님이 인정해 주셔야 하며, 교회예배에 열심히 참석하고 교회봉사를 한다고 하나님의 백성이 되는 것이 아니라 하나님께서 의인이라고 인정해 주셔야 한다. 물론 모든 크리스천들은 예수님께서 십자가에서 보혈을 흘려주신 공로를 의지하는 믿음으로 죄가 용서함을 받아 의인이라고 여기심을 받았다는 교단 교리를 앞세워서 당당하게 주장하고 있다. 그러나 중요한 것은 삶과 영혼의 상태로 증명해 보여야 하지 않겠는가? 하나님은 당신의 백성들의 영혼을 기쁘게 해 주시고 삶을 형통하게 해 주셔서 행복을 누리게 해 주시고 있기에 말이다. 그러므로 당신이 하나님의 백성인지 마귀의 포로로 잡혀있는지 확인하는 잣대는 당신의 영혼과 삶의 상태이다. 당신의 영혼이 냉랭하고 건조하고 어두우며 삶이 고단하고 팍팍하다면 하나님의 백성의 모습이 아니라 귀신의 포로로 잡혀 있다는 증거이다.

하나님의 백성이라면 영혼이 기쁘고 즐거우며 삶이 형통하고 하는 일마다 순적하고, 열매가 풍성하게 맺혀 있어야 하기 때문이다. 그러나 필자의 말에 동의하기가 무척이나 어려울 것이다. 주변을 살펴보아도 딱히 그런 증거가 나타나, 열매를 풍성하게 맺으며 행복을 누리는 교인들을 찾기 어렵기 때문이다. 그래서 필자의 주장에 딴죽을 걸면서 힐난하기도 한다. 그러나 그들은 자신들이 믿고 있는 교단 신학자의 주장이 하나님의 말씀이라고 못을 박고 있기 때문에, 자신들의 영혼이나 삶의 모습이 성경 말씀으로 증명되거나 확인되지 않더라도 자신의 생각을 바꿀 생각이 전혀 없다. 말하자면 성경을 왜곡해서 받아들이고 아전인수식으로 해석하고 있는 셈이다. 그러나 아무리 유명한 신학자의 주장이라고 해도 성경 말씀 위에 있을 수 없지 않은가? 그렇다면 하나님의 백성이라고 여기시는 하나님의 잣대에 대해 살펴보자.

> 네가 네 하나님 여호와의 말씀을 삼가 듣고 내가 오늘 네게 명령하는 그의 모든 명령을 지켜 행하면 네 하나님 여호와께서 너를 세계 모든 민족 위에 뛰어나게 하실 것이라 네가 네 하나님 여호와의 말씀을 청종하면 이 모든 복이 네게 임하며 네게 이르리니 성읍에서도 복을 받고 들에서도 복을 받을 것이며 네 몸의 자녀와 네 토지의 소산과 네 짐승의 새끼와 소와 양의 새끼가 복을 받을 것이며 네 광주리와 떡 반죽 그릇이 복을 받을 것이며 네가 들어와도 복을 받고 나가도 복을 받을 것이니라(신 28:1~6)

나가도 복을 받고 들어와도 복을 받는다는 첫마디를 붙여서 '나들복'으로 유명한 신명기 28장의 축복의 말씀을 모르는 크리스천은 거의 없을 것이다. 설교 때마다 전가의 보도처럼 인용되는 축복의 구절이 아니던가? 그렇다면 이 축복의 수혜자가 누구인가? 영접기도에 동의를 하고 주일성수를 하며 교회봉사를 성실하게 하는 교인인가? 물론 그럴 수도 있다. 그러나 그런 말은 성경에 없다. 그렇다면 성경에서는 무어라고 말하고 있는가? 하나님 여호와의 말씀을 삼가 듣고 내가 오늘 네게 명령하는 그의 모든 명령을 지켜 행하는 자라고 콕 집어서 말하고 있다. 물론 교회에서 말하는 교인들이 그러한 사람이라고 가르치고 있지만 말이다. 그렇다면 신명기 28장의 축복을 받아 형통하고 행복하게 살고 있는 것으로 증명해야 할 것이다. 아니라면 교회에서 가르치는 말은 가짜 뉴스에 불과할 것이다. 하나님이 통치하시는 백성은 하나님의 말씀을 삼가 듣고 그 모든 명령에 절대복종하는 사람들이며, 이 사람들을 하나님께서 의인이라고 인정하신다. 그러므로 당신이 하나님의 통치와 보호하심을 받는 백성이 되기를 원한다면 성경을 이 잡듯이 뒤져가면서 하나님의 뜻과 명령을 잘 깨닫고 삶에 적용하기를 힘써야 할 것이다. 아니라면 당신은 기독교를 종교로 믿는 종교인에 불과하다. 예수님의 말씀에 의하면 하나님의 뜻에 준행하지 않으며 입으로만 주여, 주여 하는 자에 불과할 것이다.

예수님이 모른다고 말하는 사람들 중에 당신이 있다

나더러 주여 주여 하는 자마다 다 천국에 들어갈 것이 아니요 다만 하늘에 계신 내 아버지의 뜻대로 행하는 자라야 들어가리라 .그 날에 많은 사람이 나더러 이르되 주여 주여 우리가 주의 이름으로 선지자 노릇 하며 주의 이름으로 귀신을 쫓아내며 주의 이름으로 많은 권능을 행하지 아니하였나이까 하리니 그 때에 내가 그들에게 밝히 말하되 내가 너희를 도무지 알지 못하니 불법을 행하는 자들아 내게서 떠나가라 하리라 (마 7:21~23)

좁은 문으로 들어가기를 힘쓰라 내가 너희에게 이르노니 들어가기를 구하여도 못하는 자가 많으리라 집주인이 일어나 문을 한 번 닫은 후에 너희가 밖에 서서 문을 두드리며 주여 열어 주소서 하면 그가 대답하여 이르되 나는 너희가 어디에서 온 자인지 알지 못하노라 하리니 그 때에 너희가 말하되 우리는 주 앞에서 먹고 마셨으며 주는 또한 우리를 길거리에서 가르치셨나이다 하나 그가 너희에게 말하여 이르되 나는 너희가 어디에서 왔는지 알지 못하노라 행악하는 모든 자들아 나를 떠나가라 하리라(눅 13:24~27)

미련한 자들이 슬기 있는 자들에게 이르되 우리 등불이 꺼져가니 너희 기름을 좀 나눠 달라 하거늘 슬기 있는 자들이 대답하여 이르되 우리와 너희가 쓰기에 다 부족할까 하노니 차라리 파는 자들에게 가서 너희 쓸 것을 사라 하니 그들이 사러 간 사이에 신랑이 오므로 준비하였던 자들은 함께 혼인 잔치에 들어가고 문은 닫힌지라 그 후에 남은 처녀들이 와서 이르되 주여 주여 우리에게 열어 주소서 대답하여 이르되 진실로 너희에게 이르노니 내가 너희를 알지 못하노라 하였느니라(마 25:8~12)

위 부류의 사람들이 바로 예수님께서 모른다고 외면한 사람들이다. 첫 번째 부류는 한때 놀라운 능력으로 귀신을 쫓아내고 예언을 말하며 기적과 이적을 베풀었던 제자들이었다. 그러나 그들이 변질이 되어 하나님의 뜻을 행하는 데 관심이 없자 예수님은 이들에게 모른다고 매몰차게 대하신다. 두 번째 부류는 예수님과 함께 먹고 마시면서 교제하며 가르침을 받던 제자들이었다. 그러나 예수님은 이들에게 사나운 얼굴로 거절하신다. 세 번째 부류는 예수님의 재림을 학수고대하며 기다리던 처녀들이었다. 그러나 등의 기름이 떨어져서 급하게 기름을 사러 간 사이에 성문이 닫혀서 문을 두드리니까 예수님은 그들을 전혀 모른다는 답변이 되돌아왔다. 이들은 예수님과 친하게 교제하였거나 성령의 능력으로 기적과 이적으로 사역을 하던 탁월한 제자들이었고, 예수님의 재림을 학수고대하며 기다리던 신실한 교인이었다. 이들이 예수를 그리스도로 영접하는 기도를 하지 않았거나 예배 의식에 참석하며 교회 봉사를 하지 않던 사람들이라고 볼 수 없다. 그러나 예수님은 첫 번째 제자들을 매몰차게 내쫓으시며 불법을 행했다며 그 이유를 말해 주고 있다. 성경에서 말하는 불법을 행하는 자들은 죄를 짓는 자들을 말한다. 즉, 두 번째 제자들이 내쫓겼던 죄목이 행악하는 자들이라고 말한 것과 동일한 이유이다. 세 번째 다섯 처녀들은 성령이 없던 사람들이었다. 그녀들은 예수님의 재림을 고대하며 기다렸지만 성령이 없이 종교적인 행위나 자기 확신의 믿음으로 천국의 입성을 자신하였던 것이다. 이런 이야기는 우리네 교회의 가르침에서 들어 볼 수 없다. 우리네 교회는 예배 의식에 참석하여 앉아 있는 교인들에게 구원을 받았다고 선포하고 있기 때문이다. 물론 목회자들은 자신들이 신봉하는 성경 구절을 줄줄이 나열하면서 구원의 확신을 가지라고 거듭 말하고 있다. 그러나 필자 역시 예수님의 말씀을 인용하며 주장하고 있다. 그렇다면 둘 중의 하나는 가짜 뉴스일 것이다. 성경에서 말씀하시는 하나님의 뜻은 성경 전체에서 편만하게 말해야 한다. 그러나 각자 자신의 주장이 맞는다고 목소리를 높일 것이 분명하다. 그래서 만약 자신의 주장이 맞는다면 그 주장한 것을 삶에서 증명해 보여야 할 것이다. 하나님이 함께하시는 백성이라면 기쁘고 형통한 삶으로 증명해 보여야 한다.

하나님은 우리가 기쁘고, 즐겁고, 행복하게 살기를 원하신다

천국은 한자어고, 우리말로 풀어쓰면 하나님의 나라이다. 하나님이 통치하시고 다스리는 왕국이 바로 하나님의 나라인 셈이다. 크리스천들은 죽어서 이 땅을 떠나거나 재림의 날에 휴거되면 천국에 들어가 영원히 살 것이라고 믿고 있다. 그러나 천국은 예수님이 우주의 한쪽 구석에 건설한 신도시가 아니다. 예수님이 말씀하시는 천국은 영토의 개념이 아니라 통치자의 개념이다. 말하자면 특정한 영토가 천국이 아니라 하나님이 다스리고 통치하시는 곳이라면 어느 곳이든 천국이 된다는 것이다. 그렇다면 죽어서 이 땅을 떠나서 천국에 들어가야 비로소 천국에서 사는 것이 아니라 이 땅에서도 얼마든지 천국을 누리고 살 수 있다는 말이다. 그러나 우리는 교회에서 이런 가르침에 대해 별로 들어보지 못한다. 답답하고 슬픈 일이다.

바리새인들이 하나님의 나라가 어느 때에 임하나이까 묻거늘 예수께서

대답하여 이르시되 하나님의 나라는 볼 수 있게 임하는 것이 아니요 또
여기 있다 저기 있다고도 못하리니 하나님의 나라는 너희 안에 있느니
라(눅 17:20, 21)

하나님의 나라는 말에 있지 아니하고 오직 능력에 있음이라(고전 4:20)

그러나 내가 하나님의 성령을 힘입어 귀신을 쫓아내는 것이면 하나님의
나라가 이미 너희에게 임하였느니라(마 12:28)

하나님의 나라는 먹는 것과 마시는 것이 아니요 오직 성령 안에 있는 의
와 평강과 희락이라(롬 14:17)

　예수님은 하나님이 다스리고 통치하시는 하나님의 나라는 눈으로 볼
수 있는 특정한 영토가 아니라 하나님이 우리 안에 들어오셔서 다스리시
면 천국이 이루어지는 것이라고 콕 집어서 말씀하셨다. 그러나 우리네 교
회가 이런 천국관을 제대로 가르치지 못하는 이유는 목회자나 교인들에
게 천국이 이루어진 증거도 없으며 교회가 증명하지 못하고 있기 때문이
다. 하나님의 나라는 전지전능하신 하나님께서 다스리시는 곳이기 때문
에 놀라운 성령의 능력으로 증명해 보여야 한다. 그래서 예수님은 하나님
의 성령의 능력으로 귀신이 쫓겨 나간다면 당연히 천국이 이루어진 증거
라고 말씀하셨고, 사도바울은 하나님의 나라는 말로 때우는 것이 아니라
성령의 능력으로 증명해 보여야 한다고 말한 이유이다. 그래서 그 증거로
써 성령 안에 있는 증거인 하나님의 의와 평안과 기쁨의 삶을 누리고 있

어야 한다고 말하고 있다. 이런 삶이 바로 우리가 바라 마지않는 행복하고 형통한 모습이며, 우리가 예수를 믿고 교회에 다니는 이유가 아니겠는가? 우리네 교회에서는 1분짜리 영접 기도로써 예수를 구주로 시인하면 성령께서 자동으로 들어오신다고 가르치고 있다. 그리고는 성령이 안에 계신지 잘 모르겠다고 하면 믿음이 없다는 질책이 되돌아온다. 어떤 이들은 성령이 계시기는 한데 활동을 하지 않아서 그렇다며 성령 충만을 받아야 한다고 말하기도 한다. 그래서 그들은 드럼과 키보드가 귀를 찢는 열정적인 찬양 집회에서 가슴이 터지라고 통성으로 기도하면 성령이 충만해진다고 말한다. 그러나 이런 감정의 격앙은 집회 장소를 벗어나기 무섭게 냉랭해지고 건조해진다. 그래서 어떤 이들은 주말마다 부흥회나 찬양집회가 열리는 교회를 찾아다니면서 성령 충만을 받으려고 애쓰기도 한다. 이런 감정의 격앙은 나이트 클럽이나 노래방에서도 얼마든지 일어날 수 있는 사건이다. 성령께서 이런 집회 장소에서 감정을 격앙시키거나 카타르시스를 느끼게 해 주시는 분에 불과한가? 이렇게 비성경적이고 우스꽝스러운 행위들은 천국을 누리지 못하는 것을 인정하지 않고 관념적이고 사변적인 교단교리를 억지로 꿰맞추려는 데에서 발생하는 부작용인 셈이다.

> 사랑하는 자여 네 영혼이 잘됨 같이 네가 범사에 잘되고 강건하기를 내
> 가 간구하노라(요삼 1:2)

위의 구절은 너무도 유명한 말씀이라 모르는 크리스천이 없을 것이다. 사무실이나 가정에 곱게 써서 액자에 넣어 두고 두고두고 바라보며 기대

하고 있는 말씀이기에 말이다. 이 구절에서 영혼이 잘 된 것은 무엇을 말하는가? 바로 구원받을 자격을 얻은 백성들의 영혼을 말하고 있다. 구원받은 사람들은 무엇으로 이를 증명하는가? 바로 하는 일마다 잘되고 건강한 것으로 증명되어야 한다고 말하고 있다. 그래서 교회 마당을 성실하게 밟고 있는 교인들은 그런 삶을 누리고 있는가? 아니라면 구원받은 상태가 아니지 않은가? 그러나 우리네 교회에서는 구원의 확신을 절대 의심하지 말라고 다그치기는 하지만, 하는 일마다 형통하고 건강한 육체에 대해서는 구린 입을 떼지 않으니 기가 막히는 일이다. 그렇다면 성경에서 하나님이 다스리고 통치하시는 하나님의 나라가 이루어진 증거가 의와 평안과 기쁨이라고 말한 것과 하는 일마다 잘되고 건강의 축복을 누리고 있는 것으로 증명해야 하지 않은가? 하는 일마다 잘되고 건강해야 기쁨과 평안이 넘치며 예수 그리스도의 피의 공로를 힘입어 천국을 누리다가 영원한 천국에 들어가는 하나님의 의를 삶의 현장에서 체험하기에 말이다. 이처럼 하나님은 당신의 백성이 이 땅에서 행복하고 즐겁게 살다가 영원한 천국에 들어오기를 원하신다. 그러나 우리네 교회는 성경 말씀을 자의적으로 해석하여 관념이고 사변적인 교단교리를 머릿속에 저장하고 형식적인 예배의식에 참석하고 희생적인 신앙 행위를 반복하는 종교인으로 만들고 있으니 기가 막히는 일이다. 그래서 희생적이고 열정적인 교인들일수록 시간과 재산과 에너지를 허비하여 삶이 더욱 지쳐 가고 영혼이 점점 피폐해지고 있다.

2장

형통한 삶을 방해하는 세력이 있다

교회를 오래 다녀도 삶이 고단하고 팍팍한 이유가 무엇일까? 교회에서 요구하는 처방만으로는 행복한 삶을 누릴 수 없다. 예배 의식에 성실하게 참석하고 교회 봉사를 열심히 한다고 해도 말이다. 물론 이러한 종교 행위가 하나님이 기뻐하시지 않은가? 그 이유는 성경에 답이 있다. 사람들의 행복을 방해하는 세력이 있기 때문이다. 그 세력이 바로 사탄이라는 이름을 가진 악한 영들이다. 그러면, 이놈들에게 삶을 짓밟힌 예를 성경에서 찾아보자.

하루는 하나님의 아들들이 와서 여호와 앞에 섰고 사탄도 그들 가운데에 온지라 여호와께서 사탄에게 이르시되 네가 어디서 왔느냐 사탄이 여호와께 대답하여 이르되 땅을 두루 돌아 여기저기 다녀왔나이다 여호와께서 사탄에게 이르시되 네가 내 종 욥을 주의하여 보았느냐 그와 같이 온전하고 정직하여 하나님을 경외하며 악에서 떠난 자는 세상에 없느니라 사탄이 여호와께 대답하여 이르되 욥이 어찌 까닭 없이 하나님을 경외하리이까 주께서 그와 그의 집과 그의 모든 소유물을 울타리로 두르심 때문이 아니니이까 주께서 그의 손으로 하는 바를 복되게 하사 그의 소유물이 땅에 넘치게 하셨음이이다 이제 주의 손을 펴서 그의 모든 소유물을 치소서 그리하시면 틀림없이 주를 향하여 욕하지 않겠나이까 여호와께서 사탄에게 이르시되 내가 그의 소유물을 다 네 손에 맡기노라 다만 그의 몸에는 네 손을 대지 말지니라 사탄이 곧 여호와 앞에서 물러가니라 하루는 욥의 자녀들이 그 맏아들의 집에서 음식을 먹으며 포도주를 마실 때에 사환이 욥에게 와서 아뢰되 소는 밭을 갈고 나귀는 그 곁에서 풀을 먹는데 스바 사람이 갑자기 이르러 그것들을 빼앗고 칼로 종들을 죽였나이다 나만 홀로 피하였으므로 주인께 아뢰러 왔나이다 그가 아직 말하는 동안에 또 한 사람이 와서 아뢰되 하나님의 불이 하늘에서 떨어져서 양과 종들을 살라 버렸나이다 나만 홀로 피하였으므로 주인께 아뢰러 왔나이다 그가 아직 말하는 동안에 또 한 사람이 와서 아뢰되 갈대아 사람이 세 무리를 지어 갑자기 낙타에게 달려들어 그것을 빼앗으며 칼로 종들을 죽였나이다 나만 홀로 피하였으므로 주인께 아뢰러 왔나이다 그가 아직 말하는 동안에 또 한 사람이 와서 아뢰되 주인의 자녀들이 그들의 맏아들의 집에서 음식을 먹으며 포도주를 마시는데 거친 들에서 큰 바람이 와서 집 네 모퉁이를 치매 그 청년들 위에 무너지므로 그들이 죽었나이다 나만 홀로 피하였으므로 주인께 아뢰러 왔나이다 한지라 욥이 일어나 겉옷을 찢고 머리털을 밀고 땅에 엎드려 예배하며 이르되 내가 모태에서 알몸으로 나왔사온즉 또한 알몸이 그리로 돌아가올지라 주신 이도 여호와시요 거두신 이도 여호와시오니 여호와의 이름이 찬송을 받으실지니이다 하고 이 모든 일에 욥이 범죄하지 아

니하고 하나님을 향하여 원망하지 아니하니라(욥 1:6~21)

욥은 하나님으로부터 동방의 의인이라는 칭찬을 받으며 엄청난 재산을 보유한 거부로서 10명의 자녀를 낳고 다복한 가정을 누리며 행복하게 살고 있었다. 그런데 이 행복을 시기한 사탄은 하나님으로부터 허락을 받고 그의 가정과 삶을 파괴하고 있다. 그 많은 재산이 하루아침에 사라져서 알거지가 되고 10명의 자녀가 한꺼번에 죽음을 맞이하는 경악스러운 사건이 일어난 것이다. 그러나 욥은 이 재난에도 불구하고 하나님을 원망하지 않고 믿음을 지키고 있다. 아마 이렇게 하나님께 신실한 사람은 세상에서 찾기 어려울 것이다. 그러나 그의 불행은 여기에서 그치지 않는다.

여호와께서 사탄에게 이르시되 네가 내 종 욥을 주의하여 보았느냐 그와 같이 온전하고 정직하여 하나님을 경외하며 악에서 떠난 자가 세상에 없느니라 네가 나를 충동하여 까닭 없이 그를 치게 하였어도 그가 여전히 자기의 온전함을 굳게 지켰느니라 사탄이 여호와께 대답하여 이르되 가죽으로 가죽을 바꾸오니 사람이 그의 모든 소유물로 자기의 생명을 바꾸올지라 이제 주의 손을 펴서 그의 뼈와 살을 치소서 그리하시면 틀림없이 주를 향하여 욕하지 않겠나이까 여호와께서 사탄에게 이르시되 내가 그를 네 손에 맡기노라 다만 그의 생명은 해하지 말지니라 사탄이 이에 여호와 앞에서 물러가 욥을 쳐서 그의 발바닥에서 정수리까지 종기가 나게 한지라 욥이 재 가운데 앉아서 질그릇 조각을 가져다가 몸을 긁고 있더니 그의 아내가 그에게 이르되 당신이 그래도 자기의 온전함을 굳게 지키느냐 하나님을 욕하고 죽으라 그가 이르되 그대의 말이

한 어리석은 여자의 말 같도다 우리가 하나님께 복을 받았은즉 화도 받

지 아니하겠느냐 하고 이 모든 일에 욥이 입술로 범죄하지 아니하니라

(욥 2:3~10)

사탄이 욥의 전 재산을 없애고 그의 모든 자녀를 죽였어도 욥은 하나님을 경배하며 찬양하고 있으니 놀라운 일이었다. 그래서 하나님이 그의 믿음을 칭찬하자 사탄은 그의 몸을 쳐서 악한 질병으로 고통을 받게 하면 하나님을 향해 분노를 폭발하며 저주할 것이라고 말한다. 결국 하나님은 사탄에게 그의 몸을 쳐서 고통을 줄 것을 허락하신다. 그 결과 욥은 머리 끝에서부터 발바닥까지 악성 종기로 인해 괴로워한다. 이 광경을 지켜본 그의 아내는 하나님을 욕하고 죽으라고 저주를 할 정도이다. 그러나 욥은 인내하며 자신의 불행을 기꺼이 받아들인다. 막대한 재산이 사라지고 열 자녀가 사망하는 것도 모자라서 육체의 질병으로 고통당하는 불행을 대하는 그의 태도는 실로 놀랍기 짝이 없다. 만약 당신에게 욥의 세 가지 불행한 사건 중에서 한 가지라도 닥친다면 깊은 낙담과 실망에 빠지게 되었을 것이 틀림없다. 그렇다면 이 같은 불행을 일으키는 사탄은 욥에게만 해당하는 사건이었을까? 당연히 아닐 것이다. 하나님은 욥을 통해서 사탄이 어떻게 사람들의 영혼과 삶을 사냥하는지 대표적으로 보여주고 있을 뿐이다.

악한 영들은 사람들의 영혼과 삶을 사냥하는 사냥꾼이다

악한 영들이 사람들을 불행에 빠뜨리는 목적은 단순하다. 하나님의 개입을 원천봉쇄하는 것이다. 하나님은 자신을 닮아 지은 사람들에게 지대한 애정을 품고 계시다. 그래서 세상의 모든 사람들이 구원을 받아 영원한 천국에서 행복하게 살게 하고 싶어 하신다. 그러나 악한 영들은 사람들을 극도로 증오하며 수단과 방법을 가리지 않고 인간들을 불행에 빠뜨리고자 한다. 왜냐면 자신들은 하나님을 반역하여 무저갱에 던져질 운명에 놓여 있으며 이 징벌이 번복될 여지는 없다. 그래서 이들은 하나님의 사랑을 독차지하고 있는 인간들과 같이 지옥에 들어가서 하나님을 실망시킴으로써 그들 나름대로 복수를 하고 싶어 하는 것이다. 악한 영들이 하나님으로부터 사람들을 떼어내는 전략은 간단하다. 죄의 덫을 놓고 죄에 걸려들게 만들어서 죄인이 되게 하는 것이다. 악한 영들은 다양한 별명을 가지고 있으며 그중의 하나가 바로 시험하는 영이다. 시험이라는 단어는 헬라어로 '페이라조'이며, 이 단어는 죄의 유혹과 테스트라는 두 가지 뜻을 동시에 가지고 있다. 하나님 입장에서 보면 믿음의 유무를 재는 테스트가 되지만, 악한 영이 볼 때는 죄의 덫을 놓고 유혹하여 죄를 짓게 하는 것이다. 그러나 하나님께서 악한 영들에게 사람들에게 죄의 덫을 놓고 죄를 짓게 하는 유혹을 허락하셨다는 것을 잊지 마시라. 마치 욥이 당한 끔찍한 불행을 사탄에게 허락하신 것처럼 말이다.

그러나 기이하게도 우리네 교회는 죄에 대한 가르침이 별로 없다. 예수님께서 인류의 죄를 대신해서 십자가에 돌아가셨으므로, 예수님께서 십자가에서 흘리신 보혈의 공로를 믿고 죄를 회개하여 용서를 받은 사람들은 더 이상 죄에 대해 고민하지 않아도 된다고 가르치고 있다. 말하자면 예수님의 십자가 사건으로 사람들은 과거의 죄와 현재의 죄, 미래의 죄까지 용서함을 받았으므로 모든 죄에 대해 자유로워졌다고 말하고 있다. 얼핏 들어보면 틀린 말이 아닌 것처럼 보인다. 그러나 이러한 주장은 교묘한 미혹이 숨어있다. 물론 예수님의 보혈을 의지하여 전심으로 회개한 죄에 대해서는 용서함을 받았을 것이다. 그러나 문제는 사람들은 회개기도를 하고 자리에서 일어서기 무섭게 또 다른 죄를 짓는 암울한 현실이다.

> 만물보다 거짓되고 심히 부패한 것은 마음이라 누가 능히 이를 알리오 만은 나 여호와는 심장을 살피며 폐부를 시험하고 각각 그의 행위와 그의 행실대로 보응하나니 불의로 치부하는 자는 자고새가 낳지 아니한 알을 품음 같아서 그의 중년에 그것이 떠나겠고 마침내 어리석은 자가 되리라(렘 17:9~11)

> 기록된바 의인은 없나니 하나도 없으며 깨닫는 자도 없고 하나님을 찾는 자도 없고 다 치우쳐 함께 무익하게 되고 선을 행하는 자는 없나니 하나도 없도다 그들의 목구멍은 열린 무덤이요 그 혀로는 속임을 일삼으며 그 입술에는 독사의 독이 있고 그 입에는 저주와 악독이 가득하고 그 발은 피 흘리는 데 빠른지라 파멸과 고생이 그 길에 있어 평강의 길을 알지 못하였고 그들의 눈앞에 하나님을 두려워함이 없느니라 함과 같으니라(롬 3:10~18)

성경은 모든 사람들의 마음과 생각이 죄로 변질되고 부패했다고 말하고 있다. 또 다른 성경에서는 세상에 하나님으로부터 죄가 없다고 인정받은 의인은 단 한 명도 없다고 선언하고 있다. 그래서 그들의 삶은 죄악으로 관영하여 평안을 누리지 못하고 파멸과 고생으로 얼룩져 있을 뿐이라고 일괄하고 있다. 말하자면 모든 인간은 죄로부터 자유롭지 못하다는 말인 셈이다. 그러나 예수 그리스도께서 우리의 죄를 대신해서 십자가에 희생의 피를 흘려주셨으므로 믿음으로 죄가 용서함을 받아 의인이 되었다. 그래서 복음이 헬라어로 기쁜 소식이라는 유앙겔리온이라는 단어인 것이다. 사람들은 아무도 이 죄에서 자유롭지 못하기 때문에 죄가 없으신 하나님이신 예수님이 십자가에서 이 문제를 단박에 해결하셨다. 그러나 문제는 사람들이 아무리 자신의 죄를 회개하더라도 어쩔 수 없이 또다시 죄를 지을 수밖에 없어 무지하고 무능하다는 사실이다. 이 사실을 가슴에 새기고 날마다 죄와 싸우고 어쩔 수 없이 지은 죄에 대해 회개하면서 살아간다면 천국의 백성이 되겠지만, 영접 기도할 때의 일회적인 회개 기도로 모든 죄가 용서함을 받았다고 믿고 죄를 밥먹듯 짓고 있으면서 회개하지도 않는다면 여전히 죄인으로 살다가 지옥의 불에 던져질 것이다.

우리의 씨름은 혈과 육을 상대하는 것이 아니요 통치자들과 권세들과 이 어둠의 세상 주관자들과 하늘에 있는 악의 영들을 상대함이라(엡 6:12)

너희가 죄와 싸우되 아직 피 흘리기까지는 대항하지 아니하고(히 12:4)

이기는 자는 이와 같이 흰옷을 입을 것이요 내가 그 이름을 생명책에서
결코 지우지 아니하고 그 이름을 내 아버지 앞과 그의 천사들 앞에서 시
인하리라(계 3:5)

성경은 우리가 싸워야 할 대상이 세상의 왕이자 엄청난 권력의 소유자
인 악한 영들이라고 소개하고 있다. 그러나 안타깝게도 교회 마당을 열
심히 밟고 있는 교인들조차 죄와 피 터지게 싸우지 않는다고 한탄하고 있
다. 예수님은 죄와 싸우고 죄를 부추기는 악한 영들과 싸워 이기지 않는
다면 생명책에서 이름이 지워질 것이라고 선포하고 계시다. 그러나 이 말
씀을 가슴에 새기고 죄와 피 터지게 싸워서 승리하고자 애쓰고 몸부림치
는 사람들을 교회에서 찾아보기 힘들다. 그래서 교회를 열심히 다녀도 영
혼이 건조하고 냉랭하며 삶이 고단하고 팍팍한 이유이다. 죄와 싸워 이기
지도 않으며 지은 죄를 회개할 생각이 없이 교회 마당을 밟고 있기 때문
이다. 사정이 이런데도 우리네 교회는 죄에 대해 철저하게 가르치고 싸우
라고 독려하지 않는다. 이는 미혹의 영이 교회지도자와 교인들의 머리를
타고 앉아 자신들의 생각을 넣어 속이고 있기 때문이다.

제2부

무엇 때문에 나의 삶이 곤고한가?

1장

돈

사람들에게 행복을 위해 가장 필요한 것이 무엇이냐고 물어본다면 십중팔구 돈이라는 대답이 되돌아올 것이다. 돈은 먹고사는 데 필수적인 조건이기에 말이다. 그래서 사람들은 어릴 때부터 고수입을 얻는 직업이나 자격증, 능력을 얻기 위해 많은 시간을 투자한다. 중고등학생과 대학생들에게 물어보라. 장래에 무엇이 되고 싶은지? 그러면 의사나 변호사와 같은 고수입이 보장된 직업에서부터 공무원, 교사 등을 외칠 것이다. 최근에 초등학생을 상대로 장래 희망에 대해 설문조사를 해 보니까 조금 바뀌었다. 임대수입자나 유튜브 크리에이터가 되는 것이라고 말했다고 한다. 의사나 변호사, 교사 등은 성적이 탁월해야 가능하며, 설령 그런 신분이 되었다고 하더라도 유지하기 위해서는 많은 노력이 필요하다. 그러나 건물의 임대수입자나 유튜브 크리에이터는 성적과 상관없으며 손쉽게 돈을 벌 수 있다고 생각하는 모양이다. 어쨌든 시대와 지역을 막론하고 사람들의 꿈이 부자가 되는 것은 변하지 않는다. 부자가 된다고 하더라도 행복해지는 것은 아니지만 가난뱅이가 더 불행하다고 느끼는 것은 사실이다.

그러나 돈은 많이 소유하든 적게 소유하든 간에 삶을 불행하게 만들고 있다. 돈이 왜 사람들을 불행하게 만드는지 궁금하지 않은가?

돈을 미끼로 사용하는 덫

산짐승을 잡는 덫에는 미끼가 달려 있다. 미끼는 산짐승이 좋아하는 먹이가 보기 좋게 매달려 있다. 평소에 굶주려 있던 짐승은 얼씨구나 하고 쾌재를 부르며 득달처럼 달려들어 먹잇감을 무는 즉시 미끼에 고정되어 있던 덫에 덜커덕 하며 걸려든다. 어떤 덫이든 한번 걸려들면 절대 빠져나갈 수 없도록 튼튼한 강철로 만들어져 있다. 그래서 덫에 걸려든 짐승을 죽을 때까지 몸부림을 쳐 보지만 극도의 스트레스와 더불어 탈진상태로 죽어 갈 것이다. 그렇다면 돈의 미끼에 걸려든 덫을 촘촘히 살펴보자.

악성 부채

악성 부채는 도저히 갚을 수 없는 빚을 말한다. 악성 부채에 빠진 사람이 행복할 가능성은 전혀 없다. 채권자로부터 빗발치는 채무 독촉을 견뎌내야 한다. 전화나 문자는 물론 시도 때도 없는 방문 등으로 평안하고 행복한 삶은 실종된 지 오래다. 이렇게 악성 부채를 지는 원인은 여러 가지지만, '은행 빚도 재산이다'라고 하며 빚을 재산을 증식하는 지혜로운 수단이라고 권하는 잘못된 자본주의적 경제관념 때문이라는 데 이견은 없다. 고등학교를 졸업하고 대학생이 되면 자연스레 신용카드를 만들어서 사용하기 시작한다. 신용카드를 사용하는 행위는 빚을 지는 것이기 때문이다. 대학등록금을 금융기관에 대출을 받아 졸업하면 빚쟁이가 되기도 한다. 또한 요즘은 성인이면 누구나 자가용을 소유하고 있다. 그래서 회사에 들어가자마자 할부로 자가용을 구입하고 있다. 결혼을 하면 전세를 얻거나 아파트를 구입할 때 금융기관으로부터 막대한 빚을 대출받고 있음은 물론이다. 그래서 평생 빚을 갚으면서 살다가 죽어서야 비로소 빚에서 자유롭게 될 것이다. 신용카드를 석 달만 갚지 못해도 신용불량자가 된다. 신용불량자가 되면 더 이상의 대출이 금지되고 모든 대출을 일시에 갚아야 한다. 그러나 평생 살면서 석 달 동안 수입이 끊기는 일이 비일비재할 것이다. 그 때 저축한 돈이 없다면 신용불량자가 될 위험이 처해 있는 셈이다. 대출을 얻어서 투자를 하거나 사업을 할 때 악성 부채가 될 위험성이 급속도로 커진다. 성공할 확률보다 실패할 확률이 월등히 높기 때문이다. 이렇게 준비되지 않았는데도 빚을 얻어 돈이 주는 즐거움을 미리 얻고자 하는 대가로 엄청난 돈을 지불하게 될 것이며, 이자를 갚지 못하면 평생 두려움과 공포에 시달리고, 가난의 그늘에서 벗어날 수 없게 된다. 이렇게 빚을 얻는 것이 하나님이 싫어하시는 것이라는 사실을 세상 사람은 물론 크리스천 중에서도 아는 이들이 얼마나 될까?

부자는 가난한 자를 주관하고 빚진 자는 채주의 종이 되느니라(잠 22:7)

성경은 부자는 가난한 자를 다스리고 통치한다고 말하고 있다. '주관하다'는 히브리어는 '이므솔', 영어로 'rule over'로 '통치하고 다스린다'라는 말이다. 결국 빚을 지면 빚을 내어주는 사람의 종으로 통치를 받으며 살게 된다는 뜻이다. 그러나 안타깝게도 교회를 신축할 때 많은 교회들이 세상의 금융기관으로부터 빚을 내어 짓고 나서 많은 헌금이 이자로 쓰이며 심지어는 교인들에게 이를 떠넘겨서 교회 빚으로 삶이 곤고해지게 만들고 있으니 기가 막힌 일이다. 세상의 왕이 누구인가? 바로 악한 영이며 사탄과 마귀이다. 그러므로 빚은 지는 것은 사탄의 종이 되는 무서운 결과를 낳는 것이다.

일벌레

워커홀릭(workaholic)이라는 말이 있다. 일 중독자라는 말이다. 일하지 않으면 초조해하거나 불안해하는 성향이나 태도를 가진 사람을 가리킨다. 일을 하는 목적이 무엇인가? 일을 통해 수입을 얻는 것이 가장 많겠지만, 더불어서 일을 통해 자기만족이나 성취감을 얻으려는 이들도 있다. 일벌레는 성경에서 말하는 정체성을 잃어버린 사람인 셈이다. 하나님께서 사람을 지으신 목적은 찬양과 경배를 받기 위해서이지 산업로봇으로 만든 게 아니기 때문이다. 그러나 사람들은 하나님을 경배하는 목적에서 벗어나 돈과 명성을 추구하는 자기성취나 자기만족의 삶을 살기 때문에 하나님의 보호를 받지 못하며 귀신들의 지배를 받게 된다. 일벌레들은 직장이나 점포, 혹은 사업이 주인이 된다. 직장의 일벌레들은 밤늦게까지 퇴근하지 않으며 휴일을 반납하고 일하는 일도 다반사이다. 그래서 일찍 퇴근하여 집에 오면 가족들이 낯설다. 이런 가장들은 아내와 다정스러운 때를 보낸 적도 없으며 자녀들과 깊은 대화를 나누어 본 적도 없다. 자신이 생계비를 벌어서 가족들이 잘 먹고 살고 학교에 갈 수 있지 않느냐면서, 그게 가족을 사랑하는 증거라고 큰소리를 친다. 그러나 아내나 자녀들의 입장을 들어보면 남편이나 아버지가 아니라 돈 벌어 오는 기계 그 이상도 그 이하도 아니라고 항변한다. 그러니 이러한 가장을 둔 가정이 행복하겠는가? 집안에 냉기가 흐르고 적막감과 긴장감이 넘칠 것이다. 그래서 가장이 집안에 있으면 자녀들은 제 방에 틀어박혀 나올 생각도 하지 않으며 아내는 남편이 부담스러워서 안절부절하고 있다. 그래서 일벌레들은 가정에서 환영받지 못하고 직장에서도 부하 직원에게 좋은 평판을 얻지 못해서 영혼이 냉랭하고 건조하다. 그래도 직장은 퇴근시간이나 휴일도 있지만 가게를 운영하는 자영업자들은 상황이 더욱 심각하다. 그야말로 아침에 점포 문을 열어서 밤늦게까지 문을 닫지 않고 있다. 가정은 그야말로 잠만 자러 가는 하숙집이다. 사정이 이러니 삶이 고단하고 팍팍하지 않을 수가 없다. 그러나 제 살을 깎는 경쟁이 치열하여서 적자를 면치 않으려면 이렇게 하지 않을 수 없다고 항변하는 이들이 적지 않다. 그러나 정작 자신이 돈이나 일에 중독된 일벌레라는 사실을 까마득히 잊고 있다. 이들은 더 이상 노동력이 있을 때까지 일에 파묻혀 살다가 더 이상 일을 할 수 없는 나이가 되면 사회로부터 폐기처분을 받고 죽을 날만 기다리며 소주병을 기울이거나 TV 앞에서 황혼을 보내다가 이 땅을 떠나가게 될 것이다. 그러니 이들에게 무슨 행복이 있겠는가?

탐욕

    탐욕은 지나친 욕심을 말하는 단어이다. 성경은 탐욕이 우상숭배를 하는 죄라고 콕 집어서 말하고 있다. 탐욕의 대상은 대부분 돈이지만, 다른 것도 탐욕의 대상이 될 수 있다. 탐욕스러운 사람은 만족함을 모른다. 그래서 자기 살을 깎고 영혼을 파먹으며 살고 있다고 해도 과언이 아니다. 그렇다면 탐욕의 주인은 누구일까? 바로 자기 자신이다. 그래서 자신이 원하는 것을 얻기 위해 끝없이 무언가를 추구하는 삶을 살고 있는 셈이다. 그러나 바닷물을 마시면 마실수록 갈증이 심한 것처럼 탐욕스러운 주인은 만족을 모르기 때문에 죽을 때까지 채찍을 들어서 후려치며 닦달하고 다그치고 있다.

> 은을 사랑하는 자는 은으로 만족하지 못하고 풍요를 사랑하는 자는 소득으로 만족하지 아니하나니 이것도 헛되도다(전 5:10)

    위의 구절은 최고의 부자였던 솔로몬 왕이 탐욕에 대해 정의를 내린 내용이다. 돈을 사랑하고 부를 추구하는 자는 엄청나게 쌓아 두더라도 만족하지 못해서 평생 쌓아 두다가 헛되이 이 땅을 떠나게 될 것이라고 말하고 있다. 마치 평생 뾰족산에 돌을 굴려 올리는 징벌을 받은 시지프스처럼 만족을 모르는 탐욕을 주인으로 모신 종의 신세가 된 셈이다. 이렇게 만족을 모르는 사람은 탐욕스런 욕망으로 뭉친 자아를 주인으로 섬기는 사람이다. 그러나 자신이 탐욕스럽다고 인정하는 사람은 없다. 돈은 많을수록 좋다고 한다. 또 돈은 일단 벌 수 있을 때 벌어 놓아야 한다고 말하기도 한다. 그게 세상의 지혜로 받아들여진다. 그러나 성경은 세상적인 지혜는 마귀로부터 온 지혜라고 말하고 있다. 그러므로 탐욕스런 주인을 버리지 않는 이상 끝없이 자신을 괴롭히고 닦달하는 종으로부터 벗어날 수가 없을 것이다.

조급함

조급함을 다른 말로 표현하면 불안함이다. 조급함과 불안 심리를 잘 이용하는 사람들이 사기꾼이다. 이번이 마지막 기회라는 말을 하거나 평생 한 번 올까 말까 하는 기회라고 말하기도 한다. 그러면 이 기회를 놓칠까 봐 조급해져서 앞뒤 가리지 않고 덥석 지르게 되는 것이다. 쇼핑몰에서 할인행사를 하는 장사꾼의 말투와 홈쇼핑채널에서 상품을 파는 말투는 언제나 한결같다. 지금 이 기회를 놓치면 평생 후회한다고 말하며 재고가 거의 없다면서 재촉한다. 그래서 이런 말을 들으면 마음이 조급해져서 지갑을 여는 것이다. 이런 사람들은 집에 가면 포장지를 뜯지 않은 상품들이 가득 차 있으며, 기획 부동산의 사기에 넘어가 평생 벌어 놓은 재산을 한순간에 날리는 일도 허다하다. 조급해하거나 불안하다는 것은 하나님을 신뢰하는 믿음이 부족하다는 증거이다. 하나님이 자신과 항상 함께 계신다면 조급함이나 불안함이 들어오도록 내버려 두지 않을 것이다. 그래서 하나님이 함께하시는 사람은 마음이 평안하다. 그러나 조급함과 불안함으로 마음이 뒤죽박죽되도록 방치하는 사람은 귀신들이 넣는 생각을 넙죽 받아들였기 때문이다. 이렇게 하나님이 싫어하시는 부정적인 생각을 받아들이는 사람들이 바로 죄를 짓고 있는 죄인이다. 그래서 조급한 사람은 평생 평안을 잃고 무엇엔가 쫓기듯 살아가는 것이다. 하나님을 믿고 교회 마당을 밟고 있는 수많은 크리스천도 이렇게 하나님을 모르는 세상 사람처럼 죄를 밥 먹듯 짓고 있는 이들이 허다하다.

돈에 대한 하나님의 원칙

> 심는 자에게 씨와 먹을 양식을 주시는 이가 너희 심을 것을 주사 풍성하
> 게 하시고 너희 의의 열매를 더하게 하시리니(고후 9:10)

하나님이 우리에게 재물을 주시는 목적은 두 가지이다. 씨와 먹을 양식으로 주신다. 씨는 땅에 심어 많은 열매를 맺게 하기 위한 목적으로 사용되는 것이며, 먹을 양식은 가족들의 부양을 위한 생계비로 주시는 것이다. 돈에 대한 의로운 열매는 선교와 구제를 말하며, 이 목적을 위해 씨앗으로 하나님께 심으면 삼십 배, 백 배의 풍성한 열매를 맺게 되는 것이다. 즉 하나님께서는 영혼 구원을 위한 선교와 가난한 이웃을 돕는 의로운 열매를 맺는 씨앗과 더불어 가족들이 풍족하게 생계를 이을 목적으로 재물을 주시는 것이다. 그러나 세상 사람들은 말할 것도 없이 대부분의 크리스천들은 교회에 내는 헌금을 제외하고는 육체의 탐욕과 방탕에 돈을 펑펑 사용하면서 아무런 죄책감도 느끼지 않는다. 모든 사람들은 하나님께서 지으신 피조물이며, 크리스천들은 하나님을 주인으로 부르며 자신이 종 된 신분임을 인정하고 있다. 종은 주인의 소유물이다. 그래서 고대사

회에서는 노예를 재산목록으로 여겼으며 사고파는 매매의 대상으로 삼았으며, 종은 자신의 소유를 인정할 권리가 없었다. 심지어 결혼을 하여 자녀를 낳았어도 주인의 소유물로서 주인이 마음대로 처분하여도 상관없었다. 그렇다면 종의 소유물은 죄다 주인의 뜻에 따라 사용하도록 주어진 것이지 않겠는가? 그렇다면 하나님을 주인으로 부르는 크리스천들은 자신이 하나님의 종의 신분임을 인정하는 사람들이다. 그렇다면 자신에게 주어진 재물은 죄다 주인의 소유를 인정해야 할 것이다. 그렇다면 주인의 재물을 종이 마음대로 사용하며 처분한다면 어떤 결과가 일어날까? 주인에게 혹독한 매질을 당하거나 심지어 죽임을 당해도 마땅했을 것이다. 이렇게 하나님께서 주어진 재물을 하나님의 뜻이 아니라 자기 마음대로 사용한다면 하나님의 징벌을 받는 것이 마땅할 따름이다. 그러나 이 시대의 하나님의 징벌은 심판대 앞에서 이 땅에서 행한 행위대로 처벌될 것이다. 이 땅에서 사는 동안 악한 죄를 지어도 당장 징벌이 내려오지 않는다는 뜻이다. 그러나 죄를 밥 먹듯 지으면서 회개하고 돌이키지 않는 사람들은 하나님의 백성이 아니라 어둠의 지배자인 귀신들의 포로가 되어 불행과 고통을 받으며 생명과 영혼을 사냥하도록 허락하신다.

아쉽게도 대부분의 크리스천들은 예수를 믿고 교회에 오면 죄다 세상에서 잘되고 성공과 축복의 삶을 소원하며 기대하고 있다. 세속적인 축복의 대표적인 모습이 부자가 되는 것이다. 그래서 기도할 때마다 가난에서 벗어나 부자가 되게 해 달라고 목이 터지게 요청하고 있다. 그러나 부를 구하는 목적이 세속적인 욕망을 채우고 육체의 쾌락을 추구하는 데 있다. 그 어디에도 하나님의 충성된 종이 되어 하나님의 뜻에 합당하게 사용할

목적으로 재물을 구하지 않는다. 그래서 하나님은 그들의 기도에 응답하지 않고 외면하시는 이유이다. 그 어디에도 충성스러운 종의 태도와 속내가 없기 때문이다.

주께서 이르시되 지혜 있고 진실한 청지기가 되어 주인에게 그 집 종들을 맡아 때를 따라 양식을 나누어 줄 자가 누구냐(눅 12:42)

하나님은 자신의 재물을 맡아서 하나님의 자녀들에게 양식을 나누어줄 지혜롭고 진실한 종들을 찾고 있다. 진실하다는 것은 하나님의 뜻대로 사용하는 충성스러운 종을 일컫는 것이고, 지혜롭다는 것은 하나님의 지혜를 받아 풍성한 열매를 맺는 종을 말한다. 그러므로 이런 하나님의 조건을 충족시키는 사람들만이 하나님의 창고를 맡는 관리자가 되는 것이다. 그러나 아쉽게도 우리네 교회는 이러한 하나님의 원칙을 가르치는 곳이 별로 없으며 교인들도 탐욕스럽게 부자가 되기를 원하지 하나님의 지혜와 충성을 갖출 생각조차 없다. 그래서 교인들도 세상의 지혜와 세속적인 방법을 배우며 사용하여 부자가 되려고 아등바등하고 있으니 기가 막힌 일이다.

돈을 버는 능력의 원천

네 하나님 여호와를 기억하라 그가 네게 재물 얻을 능력을 주셨음이라 이같이 하심은 네 조상들에게 맹세하신 언약을 오늘과 같이 이루려 하

심이니라(신 8:18)

하나님은 우리에게 재물을 얻을 능력을 주셨다고 선포하고 있다. 그러나 이를 인정하는 크리스천들이 얼마나 되겠는가? 죄다 자신의 능력과 실력, 자격증과 인맥, 지식과 경험으로 돈을 벌고 있다고 생각할 것이다. 세상의 지식이나 육체의 눈으로 보면 그렇다. 어릴 적부터 공부를 열심히 하여 명문대학에 입학하거나 의사나 변호사가 되는 학과에 들어가 시험에 합격하면 고소득을 얻는 직업이나 직장을 얻어서 부자가 되는 사다리로 올라갈 수 있기에 말이다. 그러나 하나님의 생각은 다르다. 위의 신명기의 말씀에서는 하나님께서 우리에게 재물을 얻을 능력을 주셨다고 선포하고 있다. 하나님께서 지혜와 지식과 건강을 주시며 환경을 열어 주시고 사람을 붙여 주시고 기회를 주셔서 재물을 얻을 수 있도록 해 주셨다고 말하고 있다. 그러나 이를 진심으로 받아들이는 크리스천이 얼마나 될까? 성경 최고의 부자인 솔로몬 왕의 예를 들어 보자.

> 하나님이 솔로몬에게 이르시되 이런 마음이 네게 있어서 부나 재물이나 영광이나 원수의 생명 멸하기를 구하지 아니하며 장수도 구하지 아니하고 오직 내가 네게 다스리게 한 내 백성을 재판하기 위하여 지혜와 지식을 구하였으니 그러므로 내가 네게 지혜와 지식을 주고 부와 재물과 영광도 주리니 네 전의 왕들도 이런 일이 없었거니와 네 후에도 이런 일이 없으리라 하시니라(대하 1:11, 12)

하나님께서는 솔로몬의 겸손한 기도를 들으시고 그가 구한 지혜뿐만 아니라 역대 왕들도 얻지 못한 전무후무한 부와 재물과 영광을 덤으로 주시겠다고 약속하셨다. 그렇다면 하나님께서는 솔로몬 왕에게 어떻게 엄청난 부자가 되게 해 주셨는가? 산만 한 금덩어리를 내려주셨는가, 아니면 세상 부자들의 재산을 거두어서 주셨는가?

> 솔로몬 왕이 마시는 그릇은 다 금이요 레바논 나무 궁의 그릇들도 다 순금이라 솔로몬의 시대에 은을 귀하게 여기지 아니함은 왕의 배들이 후람의 종들과 함께 다시스로 다니며 그 배들이 삼 년에 일 차씩 다시스의 금과 은과 상아와 원숭이와 공작을 실어 옴이더라 솔로몬 왕의 재산과 지혜가 천하의 모든 왕들보다 큰지라(대하 9:20~22)

솔로몬이 거부가 된 원천은 무역상들을 군사로 지켜주고 그 대가로 세금을 받은 것과 스스로 무역선을 운행하여 부를 축적한 것, 그리고 이웃 나라들의 조공을 받아서 거부가 된 것이다. 고대 사회의 무역은 금, 은, 향료, 유향, 소금 등을 산지에서 사다가 배나 낙타로 먼 거리를 여행하여 다른 지방에다 파는 것이었다. 그러나 먼 거리를 여행하는 곳곳에 이들을 노리는 강도들이 노리고 있었다. 그래서 솔로몬은 자신의 군사로 하여금 이들의 안위를 지켜주고 세금을 받았던 것이다. 그리고 막대한 국부를 이용하여 막강한 군사력을 가지고 이웃 나라들과 조약을 맺고 그들의 나라와 왕위를 보전해 주는 대가로 조공을 바치도록 하였다. 이렇게 해서 솔로몬이 전무후무한 거부가 되었던 것이다. 그렇다면 하나님께서 솔로몬을 왕위에 앉혀 주시고 나라를 부강하게 해 주시고 막강한 군사력을 가지도록 허락하셨기에 가능한 것이다. 즉 하나님께서 지식과 지혜를 주시고 환경을 열어주시고 사람들을 붙여 주서서 거부가 되도록 하신 것이다. 그게 바로 하나님께서 재물 얻을 능력을 주셨다고 선포하신 이유이다. 사람마다 각자 다르지만, 하나님께서는 지식과 지혜를 주시고 환경을 열어주시고 직장을 들어가게 해 주시며 자격증을 취득하게 해 주시고 사업이 번창하도록 해 주셨기에 지금까지 가족들을 부양하며 넉넉하게 생계를 유지해 왔다. 그렇다면 누구에게 이렇게 부를 얻을 능력을 주시는가? 하나님께서 말과 행위를 기쁘시게 여긴 사람들에게만 주시는 것이다. 이렇게 하나님이 도와주시지 않는 사람들은 열심히 일해도 늘 가난하고 핍절한 상태로 살아가고 있다.

가난에 찌드는 것은 하나님께서 돌보지 않기 때문이다

가난에 찌드는 것은 하나님의 백성에게 가능한 일일까? 세상을 지으신 이가 하나님이시고 세상 재물도 죄다 그분의 것이라는데, 하나님이 기뻐하시는 자녀들이 가난에 찌들어 사는 것은 기이한 일이다. 그러나 현실은 성경의 약속과 대치되고 있으니 기가 막힌다. 그렇다면 둘 중의 하나이다. 성경의 약속이 가짜이거나 아니라면 교인들이 하나님의 자녀가 아니라는 것이다. 그러나 그 어느 것도 포기할 수 없는 교인들의 난감함이 느껴진다. 성경은 진리이신 하나님의 말씀이며 어느 한 글자라도 허투루 기록된 게 없다. 그러므로 가난에 찌들어서 고통스럽게 살고 있다면 하나님께서 돌보지 않는 백성이라는 사실을 받아들여야 할 것이다. 하나님께서는 세상을 지으시고 우주를 운행하시며 동식물들을 기르시며 사람들의 생사화복을 주관하시는 분이시다. 그래서 성경은 들에 핀 백합화나 하늘의 새들을 부족하지 않게 먹이신다고 선포하고 있다. 그렇다면 하나님을 닮아 지은 사람들에게도 풍족하게 살 수 있는 환경을 열어 주시고 능력을 주셨음이 틀림없다. 그러나 이는 하나님께서 다스리시는 원칙을 잘 깨닫고 삶에 적용하는 사람들에게 일어나는 일이다. 들에 핀 백합화나 하늘을 나는 새들은 하나님이 창조 목적대로 살고 있기 때문에 생육하고 번성하게 해 주셨다. 그러나 사람들에게는 자유의지를 주셔서 하나님의 창조 목적대로 살 것을 선택할 수도 있고, 자기 마음대로 살아갈 것을 선택할 수도 있다. 그러므로 하나님의 창조목적에 부합해서 살아가는 사람들은 하나님께서 돌보실 것이지만, 그 반대라면 하나님이 돌보지 않으시기 때문에 자신의 지혜와 능력으로 살아가야 할 것이다. 그러나 교회 마당을 밟고 있는 크리스천이라면 자신이 하나님의 창조 목적대로 살고 있다고 철석같이 믿고 있을 것이다. 그렇다면 교인들이 확신하는 것이 옳다면 당연히 하나님이 돌보시는 삶으로 증명되고 있을 것이다. 그러나 자신들이 확신하는 것과 상관없이 가난에 찌들어 살고 있다면 하나님의 창조 목적대로 살고 있지 않아서일 것이다.

나는 여호와요 모든 육체의 하나님이라 내게 할 수 없는 일이 있겠느냐

(렘 32:27)

가난에 찌들어 사는 이유는 수도 없이 많을 것이다. 넉넉한 수입을 얻을 수 없는 개인의 능력이 첫 번째 이유이다. 부모를 잘못 만나 대학을 졸업하지 못했다고 생각할 수도 있고, 머리가 나빠서 학업 성적이 나쁜 탓

이라고 생각할 수도 있다. 또는 건강의 문제나 노동을 할 수 없는 육체의 문제일 수도 있다. 또는 자신이 태어난 때가 나쁜 시기에 잘못 태어난 이유라고 생각하기도 하며, 정부의 무능과 대통령을 잘못 선택한 이유라고 생각하는 이들도 있다. 자신이 가난에 찌들어 사는 이유가 무엇이든지 간에, 하나님께서 해결해 주시지 못하는 것들은 없다. 하나님은 예레미야 선지자에게, 자신이 모든 육체의 하나님이라고 선포하셨다. 모든 육체의 대상은 호흡을 가진 동물을 콕 집어서 말하고 있다. 사람을 포함해서 하늘을 나는 새와 산과 들의 갖가지 짐승을 총망라하고 있다. 새와 각종 들 짐승들을 풍족하게 먹이시고 기르시는데, 그중 가장 사랑하시고 아끼시는 사람들을 먹이시고 기르시지 않을 리가 있겠는가? 그러므로 당신이 가난에 찌들어 사는 이유는 하나님의 창조목적대로 살지 않기 때문이다. 하나님이 사람을 지으신 목적은 하나님께 영광을 돌리며 찬양을 받기 위함이다. 그러나 이러한 하나님의 뜻을 외면하고 자기를 사랑하여 돈을 쌓아두며 육체의 쾌락을 즐기며 살아가는 사람들을 하나님은 돌보시지 않는다. 교회에 나온 수많은 크리스천들도 이와 다르지 않다. 예수를 믿는 목적이 세속적인 축복과 성공에 마음이 가 있는 교인들이 얼마나 많은가? 이들이 성실하게 예배 의식에 참석하고 각종 희생적인 신앙 행위를 열정적으로 할지라도 마음의 속내와 동기를 보시는 하나님께서 실망하셔서 외면하시고 돌보지 않는 이유이다.

십일조와 헌금은 하나님의 펀드에 가입하는 것이 아니다

예배당 뒤편에 가 보면 헌금 봉투함에 빈 봉투들이 빼곡하게 진열되어 있다. 십일조와 감사헌금, 주일헌금은 기본이고 선교헌금, 건축헌금도 모자라서 심지어는 성전꽃꽂이 헌금 봉투까지 있다. 이렇게 헌금의 종류가 많은 이유가 무엇인가? 교회에서 헌금을 많이 거두려고 하는 속내를 모르지 않을 것이다. 십일조와 주일헌금을 드리면 교회가 선교와 건축은 물론 구제에 사용하면 되는데, 일일이 헌금 봉투에 목적을 기록하고 받아들이려고 하니 기가 막힌 일이다. 예배당 신축을 위한 부흥사를 초빙하면 으레 하는 설교가, 성도들은 럭셔리한 아파트에서 사는데 하나님은 누추한 곳에 있게 하면 되겠냐고 감정 몰이를 하고 있다. 성경에 어디 하나님이 교회 건물에 계시겠다고 하신 적이 있는가? 이렇게 비성경적으로 교인들의 지갑을 털고 있다. 물론 십일조는 예수님도 명령하신 내용이다. 그러나 목회자들은 십일조를 하면 하나님께서 세속적인 축복을 해 주신다고 가르치고 있다. 그러나 이 역시 비성경적이다. 세상의 모든 재물이 하나님의 것인데, 마치 하나님께 선심 쓰듯 드리면 하나님께서 고마워서 응답으로 부자로 만들어 주신다고? 그리고는 미국의 강철왕 케네디를 설교 예화로 들면서 그가 십일조를 철저하게 드려서 억만장자가 되었다고 소개하고 있다. 그렇다면 우리네 교인의 약 60% 이상이 십일조를 드린다는 통계라면, 교회 안에 백만장자들이 널려 있어야 할 것이 아닌가? 그러나 평생 십일조를 열심히 드려도 가난에서 벗어나지 못하는 이들이 얼마나 많은가? 그 이유는 십일조를 드리는 액수가 아니라 십일조를 드리는 마음의 태도가 문제이기 때문이다.

화 있을진저 외식하는 서기관들과 바리새인들이여 너희가 박하와 회향
과 근채의 십일조는 드리되 율법의 더 중한바 정의와 긍휼과 믿음은 버
렸도다 그러나 이것도 행하고 저것도 버리지 말아야 할지니라(마 23:23)

바리새인과 서기관들은 십일조를 분에 넘치도록 드렸지만, 예수님은 이
들을 혹독하게 책망했다. 그 이유는 하나님이 기뻐하시는 의로움과 믿음
과 불쌍히 여기는 마음의 태도가 없이 자신의 종교적인 의를 자랑하려는
교만함으로 드렸기 때문이다. 이러한 예수님의 잣대는 우리네 교회에도
그대로 적용된다. 십일조를 드리는 태도가 하나님으로부터 세속적인 성공
과 부자가 되려는 탐욕적인 마음으로 드리고 있다. 성경은 탐욕과 돈을 하
나님보다 더 사랑하는 것이 우상숭배라고 콕 집어서 말하고 있다. 그런데
부자가 되기 위해서 하나님 펀드에 가입하는 마음으로 십일조를 드리고
있으니 하나님께서 받아주시겠는가? 그러나 탐욕스러운 목회자들은 이렇
게 성경 말씀을 자의적으로 해석해서 가르치고 있으며, 교인 역시 세속적
이며 마귀적인 속내와 동기를 버리지 않고 있으니 어떻게 하나님의 도우
심과 축복하심을 경험할 수 있겠는가? 또 다른 문제 중의 하나가 바로 십일
조나 헌금을 억지로 의무적으로 드리거나 아깝게 여겨 줄여서 드리는 경
우도 적지 않다. 이런 태도는 자신에게 주어진 재물이 하나님으로부터 온
것을 망각하고 자신의 능력으로 벌었다는 생각에서 연유한다. 즉 하나님
이 왕이자 주인이심을 인정하지 않는 패역무도한 태도로 십일조나 헌금을
드리고 있는 셈이다. 이런 태도로 십일조나 각종 헌금을 드리는 행위는 하
나님의 진노만을 불러일으킬 것이며, 드려진 헌금은 교회 통장에 쌓이는
지는 몰라도 하나님께 상달되지 않는다는 것은 분명하다.

어떻게 재정 문제를 해결할 것인가?

1) 빚을 지지 말라

자본주의 사회는 금융기관이 중심이 되는 사회이다. 금융기관은 돈을 빌려주고 그 대가로 이자를 요구하여, 이자 수입으로 번성한다. 기업체들은 금융기관으로부터 자본을 빌려서 투자해서 수익이 나면 금융비용을 갚아나가면 된다. 실패해서 파산하더라도 사업가들만 책임을 지게 되어 있다. 그러므로 직원으로 있다면 회사가 부도가 나서 파산을 하더라도 개인들은 영향이 없다. 그러나 개인이 직접 돈을 빌려서 갚지 못한다면 채권자의 독촉에 시달리며 다 갚을 때까지는 자유를 빼앗기게 된다. 그러나 문제는 연체이자이다. 연체이자는 이자에 이자가 붙어나가는 식이므로 오랫동안 빚을 갚지 못하면 눈덩이처럼 커져서 끝내 갚을 수 없게 된다. 그러므로 자본주의 사회에서 공공연하게 쳐놓은 덫이 바로 빚인 셈이다. 그렇다면 이 덫을 피하려면 어떻게 해야 하냐고? 그 대답은 단순하다. 빚을 지지 않는 것이다. 빚을 지는 이유는 충분히 준비되어 있지 않은데도 불구하고 미래의 즐거움을 미리 누리고 싶어서이다. 대부분의 사람들은 자가용을 사고 내 집 마련을 하기 위해서는 은행 대출을 얻는다. 그리고 돈을 벌어서 원금과 이자를 갚아 나간다. 원금을 갚을 때가 되면 자동차는 낡아서 빚을 얻어 새 차를 다시 구입한다. 그러면 평생 빚을 갚으면서 자동차를 타게 되는 셈이다. 주택구매는 대부분 2~30년의 장기대출이다. 젊은이가 주택담보대출을 다 갚을 때가 되면 황혼을 바라보는 나이가 될 것이다. 그뿐 아니다. 대부분의 현대인들은 신용카드를 사용하고 있는데, 이는 돈을 지불하지 않고 두세 달 먼저 소비를 즐기는 행태에 불과하다.

지불할 돈이 없는데도 외상으로 살 수 있으니까 무리하게 소비하게 되는 것은 불을 보듯 훤하다. 그런데 문제는 이렇게 빚을 지는 소비행태를 평생 유지한다는 것이다. 그러나 석 달만 빚을 갚지 않아도 신용불량자가 된다. 신용불량자가 되면 모든 빚을 일시에 상환해야 한다. 당장 이달에 갚을 빚도 없는데 모든 빚을 상환할 수 있는 사람이 어디 있겠는가? 그래서 한순간에 악성 부채의 수렁에 빠지게 된다. 평생 살아가는 동안 석 달 동안 수입이 없는 날이 왜 없겠는가? 그러나 이런 재정위기 때에 미리 저축한 돈이 없다면 악성 부채자가 되어 평생 빚의 나락에 빠져 고통받으며 살아야 한다. 이 해결책은 단순하다. 빚을 지는 소비습관을 들이지 말아야 한다. 빚을 내더라도 충분히 상환할 수 있는 재정능력 내에서 대출을 받고, 신용카드가 아닌 은행 잔고 내에서 사용하는 체크카드를 사용하시기 바란다. 탐욕과 쾌락의 죄악의 덫을 놓는 이가 바로 빚의 가면을 쓰고 있는 사탄이라는 것을 잊지 마시라.

2) 돈에 빠지지 말라

돈이 살아가는 데 필요하다는 것을 모르는 사람들은 없다. 그러나 돈에 삶의 전부를 바치는 것은 돈의 노예가 되겠다고 선언하는 것이다. 또한, 예수님과 재물과 돈을 겸하여 섬길 수 없다고 단호하게 말씀하셨다. 그래서 탐욕적으로 돈을 쌓아두는 삶은 이 땅에서도 노예처럼 살다가 우상을 숭배한 죄악으로 지옥 불에 던져지게 된다. 이처럼 생계에 필요한 돈을 벌어야 하지만 돈에 빠지지 않아야 할 것이다. 그러나 이는 무척이나 어렵다. 누구나 돈이 주는 즐거움을 모르는 이가 없기에 말이다. 언젠가 성령께서는 우리나라 사람들을 향해 돈에 환장한 너희 민족이라는 말씀을 하신 적이 있다. 이 말투는 우리나라 사람들이 돈을 우상으로 섬기고 있는 것을 경멸하시는 마음을 드러내고 계시다. 하나님이 돈을 하나님보다 더 섬기는 태도에 대해서 증오하신다면 이들의 영혼의 목적지가 어딘지 금세 알 수 있을 것이다. 그렇다면 우리네 교인들은 여기에서 자유로운가? 아니다. 우리들도 겉으로는 하나님을 섬긴다고 하지만 속내로는 돈을 섬기는 이들이 허다하다.

> 예수께서 제자들에게 이르시되 내가 진실로 너희에게 이르노니 부자는 천국에 들어가기가 어려우니라 다시 너희에게 말하노니 낙타가 바늘귀로 들어가는 것이 부자가 하나님의 나라에 들어가는 것보다 쉬우니라 하시니 제자들이 듣고 몹시 놀라 이르되 그렇다면 누가 구원을 얻을 수 있으리이까 예수께서 그들을 보시며 이르시되 사람으로는 할 수 없으나 하나님으로서는 다 하실 수 있느니라(마 19:23~26)

위에서 예수님은 부자가 천국에 들어갈 수 없다고 콕 집어서 말씀하고 계시다. 그러나 우리네 교회에서는 거꾸로 가르치고 있으니 기이한 일이다. 우리네 교회에서는 부자가 하나님의 축복을 받은 증거라고 말하면서 교회의 주요한 요직은 부자가 차지하고 있다. 심지어는 가난뱅이는 장로로도 추대되지 못하고 있다. 그래서 담임목사 주변에는 부유한 교인들이 떠받들고 있으며 가난한 교인들은 홀대를 당하고 있다. 그러나 예수님은 가난한 자들에게 복음을 전하러 오셨으며 부자들은 천국행이 금지되었다고 말씀하셨다. 그렇다면 아브라함과 이삭, 야곱 등을 비롯한 성경의 위인들은 부자였으며 다윗과 솔로몬 왕은 말할 나위가 없다. 그렇다면 예수님의 말씀과 배치가 되지 않은가? 예수님이 말씀하시는 기준은 재산의 척도가 아니라 재물과 하나님 둘 중에서 어느 쪽을 더 섬기는지에 달려 있는 것이다. 그렇다면 왜 부자는 천국에 가기 어려운가? 가난한 사람들은 먹고살기 바쁘기 때문에 하나님보다 돈을 더 섬길 수 있는 환경에 놓여 있지 않다. 그러나 부자는 다르다. 평생 사용하고도 남을 만한 재산이 있기 때문에 충분히 먹고살 만한데도 더 쌓아두고 싶은 탐욕의 노예가 되며, 돈을 잃어버릴까 봐 노심초사하며 살아가게 된다. 그래서 마음이 하나님께 가 있기보다 돈에 더 많이 가게 되기에 천국에 들어갈 수 없는 상황에 놓이게 된다. 물론 가난하다고 돈에 전혀 마음이 가지 않겠는가? 가난한 이들도 부자가 되는 일에 혈안이 되어 아등바등 살아간다면 지옥에 던져지는 부자와 다르지 않을 것이다. 누구나 부자가 되기를 소망하지만 또 천국에 들어가고 싶어 하기 때문에 천국의 문을 통과한 부자를 눈 씻고 찾기 어려운 이유이다. 결국 돈을 벌어두어 부족하지 않게 살면서도 돈에 영혼을 팔지 않는 것은 자신의 결심과 의지, 노력으로 되는 일이 아니다. 이는 하나님의 도우심과 인도하심을 얻어야 가능하다. 그래서 예수님께서 천국에 들어가려면 하나님께서 도와주셔야 된다고 말하고 있다. 결론적으로 큰 재산이 있는 부자라도, 자신의 돈이 자신의 소유가 아니라 하나님의 것이라고 여기며 감사하고 나누어주며 살아야 천국의 자격이 주어지는 것이다. 결국 주어진 재산에 만족하고, 부족하더라도 욕심을 버리고 자족하는 마음이 있어야 가능할 것이다. 그러나 이는 말이 쉽지 황금만능의 물질주의 세상에 살고 있는 우리는 그야말로 쉽지 않다. 그래서 자족하는 마음을 소유하려면 하나님의 도우심이 절대적으로 필요하다.

3) 세속적인 방법과 정직하지 못한 방법으로 돈을 벌지 말라

한결같지 않은 저울추는 여호와께서 미워하시는 것이요 속이는 저울은
좋지 못한 것이니라(잠 20:23)

장사꾼들이 외치는 소리를 들어본 적이 있는가? 원가 이하 세일과 마
지막 기회라는 말을 끝없이 내뱉고 있다. 물론 원가 이하 세일을 할 때도
있겠지만 대부분 장사꾼들의 상투적인 거짓말이다. 마지막 기회라는 것
은 대부분 거짓말이다. 그러나 그런 말투를 하나님을 모르는 세상 사람들
만 하는가? 아니다. 크리스천들도 장사를 해서 돈을 벌려면 세상의 지혜
를 떠날 생각이 없는 이들이 대부분이다. 많은 크리스천들이 들키지 않는
불법행위를 당연하게 여기고 세금을 속이는 일을 세상의 지혜라고 여긴
다. 그러나 속이는 태도와 방식을 가지고는 하나님의 도움을 받을 수 없
다. 그러나 다들 그렇게 하는데 나만 하지 않는다면 어떻게 버틸 수 있냐
고 하소연할 것이다. 그렇기에 하나님의 사람은 기적으로 역사하시는 하
나님의 능력을 받아야 잔꾀 많은 세상 사람들에게 당하지 않고 살아갈 수
있다. 필자는 사역을 하기 전에 직장에서 영업도 해 보았고 사업도 해 보
았다. 그래서 불법과 탈법의 달콤함을 누구보다 잘 알고 있으며 습관적으
로 고객을 속이는 것이 관행처럼 여겨지는 행태에 익숙하다. 그러나 하나
님의 백성을 세상 사람들과 구별되어야 하나님의 능력을 덧입어 풍족하
게 살아갈 수 있다. 그렇지만 아쉽게도 교회 마당을 밟으면서 예배 의식
에 참석하고 헌금을 드리며 희생적인 신앙 행위를 하는 것으로 구원을 기
정사실화하며, 세상에 나가서는 세상 사람과 다르지 않은 불법과 탈세, 고

객을 속이고 정부를 속이면서 돈을 벌고 있으니 기가 막힌 일이다. 교회 지도자들도 헌금을 많이 드리는 부자들을 칭찬해 주고 축복해 주며 하늘의 상급이 많은 거라는 덕담을 해 주지만, 정작 그 헌금의 출처가 정직하게 번 돈인지 물어보지도 않고 확인할 생각도 없다. 그래서 교인 중에서 기적과 이적으로 드러내시는 하나님의 축복과 도우심을 경험하는 이들을 보기 드문 이유이다. 정부와 고객을 속이는 방식으로 돈을 버는 세상 사람과 달리, 정직하게 세금을 내고 돈을 버는 것은 불가능할 정도로 험악한 세상이다. 그래서 하나님의 방식으로 살아가려면 기적으로 역사하시는 하나님의 도움을 받아야 가능하다. 아니라면 세상 사람처럼 교묘하게 속이지도 못하고 하나님의 도움을 받지도 못한다면 하는 일마다 실패하고 적자뿐인 인생을 살아갈 것이다.

4) 돈이 영혼의 자유를 주지 못한다는 것을 잊지 말라

　가난한 사람과 부자 중에서 누가 돈에 대해 더 탐욕스러운지 아는가? 가난한 사람일 거라고 생각할지 모르지만 사실 부자가 더 탐욕스럽다. 부자는 돈맛을 알고 있다. 또한 어떻게 벌어서 쌓아 두어야 할지 알고 있으며 실제로 나름대로 성공을 했기 때문에 부자가 되어있을 것이 틀림없다. 그러나 돈은 탐욕스럽고 사악한 우상이다. 돈이라는 우상은 시간과, 에너지는 물론 영혼까지 탈탈 터는데 선수이다. 대부분의 부자들은 돈의 주인이 자기라고 생각하지만 실상은 자신이 돈의 노예이다. 그것은 어떻게 증명하냐고? 마음의 상태를 보면 알 수 있다. 돈이 불어도 마음이 가지 않고 돈이 사라져도 마음이 어두워지는지 아닌지 보면 안다. 부자들은 돈을 쌓아두고 돈을 지키는 데 온 마음을 쏟아붓고 있다. 그래서 영혼이 자유롭지 못하다. 물론 돈이 주는 유익과 쾌락도 있을 것이다. 그러나 돈이 주는 유익과 쾌락의 대상은 육체이지 영혼은 아니다. 돈에 매인 영혼은 만족함이 없다. 마치 바닷물을 마시는 것처럼 마시면 마실수록 더 갈증이 난다. 그래서 돈은 벌면 벌수록 갈증이 더욱더 심해진다. 그래서 이 땅을 떠나가는 날까지 갈증에 시달리다가 영혼이 탈탈 털려서 빈껍데기만 남긴 채 지옥으로 떨어지게 된다. 그러나 가난하다고 마음이 자유롭겠는가? 가난은 불편과 부족함을 피부로 느끼게 해 준다. 그래서 걱정과 염려, 불안과 두려움, 낙심과 좌절의 마음이 그를 지배하게 된다. 부자는 쌓아놓은 돈의 노예가 되지만 가난한 사람 역시 가난이 주는 부정적인 생각이 그의 생각을 점령하고 지배하는 것이다. 그러므로 부자이든지 가난하든지 자유를 잃어버린 노예로 살아가게 되는 것이다. 왜 이렇게 사람들이 스스로 돈의 노예가 되는지 아는가? 부자가 되어 많은 재산을 소유하고 있다면 행복할 것이라고 믿고 있기 때문이다.

> 집 하인이 두 주인을 섬길 수 없나니 혹 이를 미워하고 저를 사랑하거나
> 혹 이를 중히 여기고 저를 경히 여길 것임이니라 너희는 하나님과 재물
> 을 겸하여 섬길 수 없느니라(눅 16:13)

대부분의 크리스천들은 자신들이 돈과 하나님을 겸하여 섬기고 있다는 사실을 깨닫지 못하고 있다. 아니 실제는 하나님을 섬긴다고 하지만 돈을 하나님보다 더 섬기고 있다. 어떻게 아느냐고? 대학과 전공학과, 직장이나 결혼 배우자를 고를 때 어떤 기준으로 결정하는 지보면 어렵지 않게 알 수 있다. 하나님과 깊고 친밀한 교제를 나누면서 그분과 동행하는 삶

을 살려면 여가시간이 넉넉하고 부담이 적은 일을 해야 한다. 그러나 그런 일들은 대부분 수입이 적다. 물론 삶의 필요에 부족하지 않을 생계비를 벌어야 할 것이지만 말이다. 그러나 거의 모든 크리스천들은 자신의 재능이나 소망을 고려하며 영혼이 자유롭고 여유시간이 많은 전공학과나 직업을 선택하기보다 고소득을 얻는 전공이나 직장, 직업을 선택한다. 결혼 배우자를 선택하는 기준을 보면 대부분 고소득이나 정년이 보장된 직업이나 직장을 가진 배우자를 선택하지 않는가? 대기업은 월급은 많이 주지만 그 대가로 무지막지하게 일해야 한다. 의사나 변호사의 직업을 가진 사람들은 평균 수준의 수입을 얻는다면 여유롭게 일해도 되지만 부자를 꿈꾸지 않는 이들이 없다. 그래서 그들은 학창시절 공부벌레로 살다가 개업을 하면 일벌레가 되고 만다. 물론 벌어 놓은 재산으로 호의호식하면서 살겠지만 자유로운 영혼은 기대할 수 없다. 예수님이 돈과 하나님을 겸하여 섬길 수 없다고 선포하신 이유는 돈 뒤에는 탐욕의 죄의 덫을 놓고 기다리는 맘몬의 영인 사탄의 그림자가 어른거리고 있기 때문이다. 그래서 이 덫에 걸려들면 영혼이 탈탈 털리다가 지옥 불에 던져질 것이다.

5) 물질의 고통을 받는 사람도 기도하면 벗어날 수 있다

뭐 이런 투의 얘기는 그동안 교회의 설교에서 수도 없이 들어왔을 것이다. 그러나 필자가 말하는 기도는 번영신학과 기복신앙을 전파하는 교회에서 말해지는 상투적인 얘기가 아니다. 그동안 우리네 교회에서 가르치는 기도는 술에 취해서 재산을 나눠달라고 부자 아버지에게 생떼를 쓰는 철부지 아들이 떼를 쓰는 것과 다름이 없었다. 기도가 부자 하나님으로부터 응답과 소원을 얻어내는 수단에 불과했기 때문이다. 그래서 무슨 일이 생겼는가? 아무리 기도해도 응답이 없자 우리네 교회에서 기도 소리가 사그라졌다. 기도란 영이신 하나님과 내 영혼이 깊고 친밀하게 사귀는 통로이다. 하나님과 교제하는 기도는 하나님의 이름을 부르고 찬양하고 감사하며 죄를 회개하며 그분의 뜻을 간구하는 것이다. 필자가 젊은 시절에 다녔던 교회는 그야말로 번영신학과 기복신앙을 전가의 보도처럼 가르치던 대형 교회였다. 그래서 예배 의식에 철저하게 참석하여 분에 넘치는 헌금을 드리고 교회에서 요구하는 희생적인 신앙 행위를 철저하게 순종하면서 앞다투어 하나님께 세속적인 축복을 희생적으로 요청하는 기도를 하면 받아 누린다고 가르쳤다. 그래서 필자는 안정적인 직장을 때려치고 은행 대출을 엄청나게 얻어 사업을 벌였다가 알거지가 되면서 인생이 끝났다. 필자가 그렇게 무지하고 어리석게 사업을 벌였던 이유는 교회에서 입을 크게 벌리면 주신다는 성경 말씀을 자의적으로 해석해서 가르치는 것에 속아 넘어갔기 때문이다.

그렇다면 극도의 가난과 재정적인 어려움을 어떻게 해결할 수 있냐고? 이 역시 기도하면 재정적인 문제를 해결할 수 있다. 하나님은 모든 세상의 재물을 소유하신 주인이고 마음만 먹으면 사랑하는 자녀들에게 넘치도록 베풀어 주시는 분이시다. 그러나 이는 성경에 기록된 하나님의 기준에 합당해야 한다. 그게 바로 하나님이 기뻐하시는 의인이 되는 것이다. 세상 재물의 주인이신 하나님은 충성스럽고 지혜로운 종들에게 재물의 관리권을 넘겨주신다. 충성스럽고 지혜 있는 종들이 바로 의인으로 인정받는다. 충성은 하나님의 뜻을 삶에 올곧게 적용하는 것이고 지혜는 세상을 지으시고 다스리시는 하나님의 지혜를 말하는 것이다. 그렇다면 의인은 하나님께서 지혜를 주시고 하나님의 뜻을 깨달아서 삶에 적용하는 능력을 준 사람들임이 틀림없다. 즉 지혜와 충성의 공급원은 하나님인 셈이다. 하나님이 기뻐하시는 사람이 된다면 기적적으로 극도의 가난과 재정적인 어려움을 해결할 수 있도록 해 주신다는 말일 것이다. 그러나 이를 삶의 현장에서 경험하지 못한 사람들은 인본적인 세상의 지식과 지혜를 하나님의 은혜로 포장해서 말하고 있다. 그래서 필자의 경험을 말씀드리겠다. 필자는 삼십대 초반에 막대한 빚을 얻어 사업에 실패하여, 그 길로 인생이 끝이 났던 사람이다. 아무리 발버둥을 쳐도 연체이자가 붙어서 빚은 순식간에 눈덩이처럼 불어났다. 그래서 인생을 포기하고 낚시질을 하며 세월을 보내다가, 너무도 절망스러워서 하나님께 한 번만 기회를 달라고 애걸복걸하였다. 그 후로 성경을 뒤져 하나님을 만나는 기도가 바로 전심으로 하나님을 부르는 것이라는 것을 깨닫고 실천에 옮겼다. 그리고는 아내와 저가 화장품 방문판매를 하며 근근히 생계를 이을 정도로만 일하고 기도하였다. 당시 버는 수입으로는 빚을 도저히 갚을 수 없었다. 그러나 기적이 일어났다. 채권자들이 빚을 안 갚아도 된다고 하면서 탕감해 주었다. 그 후로는 더 이상 빚을 지지 않아도 먹고살 수 있게 되었다. 성령께서는 나중에 남은 빚도 전부 해결해 주시겠다고 말씀하시기도 하였다. 그래서 지금은 돈으로부터 자유롭게 살고 있다. 필자만 그런 게 아니다. 영성학교를 찾아온 사람들 중에서 악성 부채를 지고 고통을 당한 사람들도 전심으로 하나님을 부르고 기도하면 필자처럼 빚의 문제를 해결하는 기적이 일어났다. 이는 하나님이 기뻐하시는 기도의 습관을 들여야 가능한 일이다. 하나님은 의인의 기도를 외면하지 않기 때문이다.

2장

건강

몸이 병드는 원인

모든 사람은 죽는다. 그냥 죽는 게 아니다. 대부분 늙고 병들어 죽음에 이른다. 젊은 나이에 몹쓸 질병으로 사랑하는 가족의 품을 떠나는 이들도 적지 않다. 그래서 수많은 크리스천들이 고질병을 해결하고 싶어서 간절한 기도를 하는 이유이다. 그러나 소원을 이루는 이들은 그리 많지 않다. 나이가 들어 면역력이 떨어질수록 각종 질병이 찾아와서 괴롭힌다.

> 믿는 자들에게는 이런 표적이 따르리니 곧 그들이 내 이름으로 귀신을 쫓아내며 새 방언을 말하며 뱀을 집어 올리며 무슨 독을 마실지라도 해를 받지 아니하며 병든 사람에게 손을 얹은즉 나으리라 하시더라(막 16:17, 18)

> 사랑하는 자여 네 영혼이 잘됨 같이 네가 범사에 잘되고 강건하기를 내

가 간구하노라(요삼 1:2)

성경에는 믿는 자에게 주어지는 기도의 응답으로, 질병을 회복시키는 능력을 말하고 있다. 그래서 수많은 크리스천들이 고질병의 치유를 위해 기도를 하고 있다. 물론 예수님은 믿고 구하는 자에게 응답이 주어질 것이며, 믿는 자에게는 능치 못할 일이 없다고 말씀하였으니까, 그깟 질병쯤이야 가볍게 낫게 될 것이다. 그러나 이 같은 능력은 예수님이나 사도에게나 해당하는 것이지, 우리 같은 보통 사람에게는 그림의 떡 같은 이야기이다. 그래서 교인들도 병에 걸리면 재산을 쏟아부어 가며 병원과 의사에게 매달리고 있다. 물론 기도도 하고는 있지만, 그리 큰 기대를 걸지 않는 눈치이다. 그동안의 기도에서 별다른 효과를 보지 못했기 때문이다. 왜 이런 일이 일어날까? 예수님은 앉은뱅이를 일으키며 눈먼 자의 눈을 뜨게 해 주셨고 믿는 자에게는 이러한 일들이 일어날 것을 선포하셨는데 막상 우리 자신에게 이런 일이 일어나지 않는 이유가 무엇일까?

> 침상에 누운 중풍 병자를 사람들이 데리고 오거늘 예수께서 그들의 믿음을 보시고 중풍병자에게 이르시되 작은 자야 안심하라 네 죄 사함을 받았느니라(마 9:2)

성경에 나온 지붕을 뚫고 내려온 중풍 병자의 일화를 아실 것이다. 그런데 다른 병자와는 달리, 예수님은 이 중풍 병자에게 죄가 용서함을 받았다고 말씀하신다. 그러자 그 자리에 있던 서기관들이 신성 모독죄를 지었다고 수군거리고, 예수님은 죄가 용서함을 받았다는 말과 일어나 걸어가라는 말 중에, 어느 것이 쉽겠냐며 수군거림에 찬물을 끼얹는다. 예수님의 말씀은 중풍의 원인이 죄에 있다고 하시면서, 죄가 용서함을 받았으니 중풍이 나았다고 선언하신 것이다. 그렇다면 중풍만 죄 때문에 온 것인가, 아니면 모든 병이 죄다 죄 때문인가?

> 선악을 알게 하는 나무의 열매는 먹지 말라 네가 먹는 날에는 반드시 죽으리라 하시니라(창 2:17)

알다시피, 인류에게 죽음이 숙명적인 사건이 된 것은 아담이 하나님의 명령을 배반한 죄의 대가이다. 그 이후로 사람들에게 죽음은 필수적인 사건이 되었다. 즉 죽음의 원인은 죄 때문이라고 말하고 있다. 그렇다면 죽음은 어떻게 오는가? 대부분 늙고 병들면 면역력이 떨어져서 생기는 암과 뇌졸중, 고혈압, 당뇨병 같은 성인병에 의해서이다. 그렇다면 모든 질병의 원인이 바로 죄라는 성경의 말씀과 일치한다. 이처럼 우리에게 생겨나는 질병의 원인은 죄 때문이다. 그렇다면 죄의 문제를 해결하면 질병이 나을 수 있는가? 그렇다. 우리의 죄가 용서받으면 질병에서 깨끗하게 회복될 수 있다. 그러나 사람은 자기의 힘으로 죄에서 벗어날 수 없다. 인류의 조상 아담이 범죄 한 이후, 그 후손인 사람들은 탐욕과 방탕을 추구하는 죄성이 DNA 안에 새겨져 있기 때문이다. 그래서 육체를 벗어나지 않는 한 죄에서 자유롭지 못하다. 게다가 죄를 부추기는 악한 영들이 쳐놓은 죄의 덫에 걸려 넘어지는 일이 부지기수이다. 악한 영들은 사람과 비교할 수 없는 탁월한 영적 능력을 가지고, 사람의 머리를 타고 앉아 죄악된 생각을 넣어주고 죄의 덫을 밟게 만들어 불행에 빠뜨려 생명과 영혼을 사냥하고 있기 때문이다. 그래서 사람들은 죄를 짓지 않고는 살 수가 없어서, 각종 질병에 시달리다가 죽음을 맞이하게 되는 것이다.

죄를 부추기는 악한 영의 공격

질병은 인간이라면 누구든지 피할 수 없는 숙명과도 같다. 마치 죽음이 그렇듯이 말이다. 대부분의 사람들이 나이를 먹어 늙으면 면역력을 잃어 단순한 감기도 오래가고, 그냥 넘어져도 뼈가 잘 부러지고 여간해서 붙지 않아서 심각한 합병증에 고통스러워하다가 죽음을 맞이하게 된다. 그러나 이러한 질병의 원인에 대해서 의료 전문가들은 바이러스나 세균의 침입, 혹은 심장, 혈관의 문제 등으로 설명한다. 이는 과학적으로 증명되는 의학을 오랫동안 공부해서 전문의가 된 의료진으로서는 당연한 진단이다. 그러나 그런 심각한 상황에 빠뜨리는 배후에 악한 영이 있다고 생각하지 않는다. 이 사실은 그들이 생각하기에 비이성적, 비합리적, 비과학적이기 때문이다.

성경은 과학적으로 증명되지 않은 사실이 빼곡하게 들어 있는 책이다. 하나님과 천사, 사탄과 귀신은 영적 존재로서 과학적으로 알아낼 수 없다. 또한 예수님과 사도들은 귀신을 쫓아내고 질병을 치유하는 기적과 이적으로 복음을 전하고 사역을 진행했다. 그러므로 성경이 절대 불변의 하나님의 말씀이라고 믿는 크리스천들의 딜레마가 여기에 있다. 특히 과학자이거나 진화론만을 가르쳐야 하는 교사, 의사의 직업을 가진 크리스천이라면 더욱 곤혹스러울 것이다. 이들이 교회에 와서는 과학으로 증명할 수 없는 존재나 현상을 인정하지만, 세상에 나가면 영적 존재에 대해 언급하는 것조차 꺼린다. 특히 귀신들린 현상이나 불치의 병을 고치는 기이한 사건에 대해서는 특히 그렇다. 성경에는 귀신들린 사람이 불치의 병을 동반하고 있는 사건에 대해 언급하고 있으며, 그 질병의 원인이 귀신임을 분명하게 말하고 있다. 귀신들려 간질 증세를 보이는 아이나, 귀먹고 벙어리가 된 원인이 죄다 귀신의 소행임을 밝히고 있다. 그래서 귀신들이 질병을 일으키는 능력이 있다고 생각하지만, 이에 적극적으로 동조하는 사람들은 거의 없다. 교회 안에서야 토론의 대상이 될 수 있겠지만, 세상 사람들에게 이 얘기를 했다가는 정신병자 취급을 받을 게 뻔하기 때문이다. 그래서 이에 대한 성경의 말씀을 찬찬히 살펴보자.

> 예수께서 안식일에 한 회당에서 가르치실 때에 열여덟 해 동안이나 귀신 들려 앓으며 꼬부라져 조금도 펴지 못하는 한 여자가 있더라 예수께서 보시고 불러 이르시되 여자여 네가 네 병에서 놓였다 하시고 안수하시니 여자가 곧 펴고 하나님께 영광을 돌리는지라(눅 13:10~13)

예수님이 말씀하신 이 여인은 아마 척추가 협착된 증세를 보여 꼬부라졌거나 꼽추 증세를 보이고 있다. 그런데 성경은 그 원인이 귀신이 몸에 들어가 앓아서 그렇게 되었다고 언급하고 있다. 이 번역대로라면 귀신이 질병을 일으켰다는 말인 셈이다. 그래서 헬라어 원문을 찾아 정확한 의미를 찾아보았다. '귀네(a woman) 퓨뉴마(a spirit) 에쿠사(having) 아스데네이아스(of illness)'이다. 이 말의 영어 번역은 'A woman having a spirit of illness.'으로, 이를 한글로 번역하면 '질병의 영을 가지고 있는 여인'이라는 뜻이다. 즉, 원어로는 '질병의 영', 한글 번역은 '귀신 들려 앓으며'로 번역한 것이다. 이 말뜻을 찬찬히 살펴보면 귀신이 들어가서 질병을 앓게 할 수도 있지만, 특별히 질병을 앓게 하는 귀신들이 따로 있다는 뜻으로도 해석될 수 있는 말이다. 물론 이 차이는 크지 않아 보일 수 있지만, 우리가 알지 못하는 영적 존재에 대한 실마리를 풀 수 있는 말이기도 하다. 귀신들은 타락한 천사들이다. 성경에 언급이 되어 있는 천사들은, 대부분 구약성경에서 하나님의 명령을 받들어 행하는 하나님의 사자들이다. 그러나 악한 영과 싸우는 천사들은 히브리어로 '마하나임'(창 32:2, 대상 12:2)인데, 한글 번역은 하나님의 군대이지만 원어의 뜻은 하나님의 진(陣)이다. 진(陣)은 군대가 진을 치고 있고 주둔하고 있는 지역을 말한다. 이 천사들은 악한 영과 싸우는 임무를 지닌 천사들이며, 그 우두머리는 미가엘 천사장이다. 그렇다면 천사들도 나름대로 주어진 특별한 임무가 있다는 말인 셈이다.

몇 해 전에 성령께서 필자에게 말씀해 주신 내용에 의하면, 악한 영과 싸우는 천사들과 치유를 해 주는 천사들이 나뉘어 있다고 하셨다. 영성학교에서 기도 훈련을 시작하면 고질병이 도지는 것은 물론이며 여기저기 아픈 증상이 줄지어 나타난다. 이는 귀신들이 공격하는 현상이다. 물론 이러한 질병이나 통증은 그리 오래가지 않는다. 그러나 기도를 하지 않으면 무척이나 오래 가고, 기도하기 전에도 고질병이 되어 잘 낫지 않았다고 호소한 사람들이 적지 않다. 그러나 영성학교에서 축출 기도를 받으며 본인이 혹독하게 기도하면, 신기하게도 쉽게 통증이 사라지고 질병이 낫는 일이 비일비재하다. 이는 통증을 일으키고 고질병을 유발하는 귀신들이 나가면서 회복되고 치유되는 현상인 것을 보여주는 것이 아니겠는가?

예수께서 그의 열두 제자를 부르사 더러운 귀신을 쫓아내며 모든 병과
모든 약한 것을 고치는 권능을 주시니라(마 10:1)

저물매 사람들이 귀신 들린 자를 많이 데리고 예수께 오거늘 예수께서
말씀으로 귀신들을 쫓아내시고 병든 자들을 다 고치시니(마 8:16)

예수님과 사도들의 사역은 귀신들을 쫓아내며 각종 질병을 낫게 하는 것이 주된 일이었다. 그래서 귀신들을 쫓아내면 자동으로 질병을 낫는 기적과 이적이 일어났다. 그러나 작금의 우리네 교회에서는 이러한 기적을 경험하기 어렵다. 귀신의 존재에 대해 무지하고 이들을 쫓아낼 영적 능력이 없기 때문이다. 그렇기에 고질병이 치유되는 일들도 사라졌다.

귀신들이 질병을 일으키는 주된 영역

성령께서 충주에 영성학교를 열어 주시기 전에, 대전의 원룸에서 3년 동안 귀신으로부터 고통당하고 있는 사람들을 보내주셔서 이들에게서 귀신을 쫓아내는 훈련을 시켰고, 충주에 영성학교를 연 지도 6년의 세월이 훌쩍 지났다. 그동안 수백 명의 귀신이 잠복한 사람들에게서 귀신을 쫓아내고 질병을 치유하고 있는 중이다. 귀신들이 사람들을 공격하는 형태와 전

략은 상상할 수 없이 다양하지만, 그들도 하나님이 허락하신 한계 내에서 사람들의 몸에 잠복하여 공격할 수 있다. 주로 사람들의 뇌를 조종하여 죄를 짓게 하거나 사건 사고를 일으켜서 불행에 빠뜨리는 것이며, 사람의 육체에 잠복하여 정신질환과 각종 고질병을 일으킨다. 다른 공격들은 귀신들의 전략이라고 진단하기 쉽지 않겠지만, 정신질환과 고질병을 귀신을 쫓아냄으로 치유하고 회복시킬 수 있다면 귀신들의 공격임을 증명할 수 있다. 그래서 필자가 그동안 귀신들과 질펀한 싸움을 벌이면서, 귀신들이 몸을 공격하고 잠복하는 나름의 방식이 있다는 것을 알게 되었다.

1) 정신질환

정신질환은 후천적인 사고로 인해 뇌 손상을 입은 경우를 제외하고는 죄다 귀신의 공격이다. 성경에는 거라사 광인이 정신 분열 증상을 보이고 간질에 걸린 아이가 귀신 때문이라고 밝히고 있다. 사울 왕도 악신의 공격으로 분노조절장애, 편집증, 강박증을 보이고 있다. 성령께서는 귀신들이 머리를 타고 앉아 뇌를 장악하고 조종하여 속이고 있다고 말씀하셨다. 아시다시피, 정신질환은 완치가 되지 않는 병이며 재발과 치유가 반복된다. 정신질환은 불면증, 우울증, 조울증, 강박증, 공황장애, 자살 충동, 정신 분열, 각종 중독을 비롯해서 어린아이에게 많이 발견되는 ADHD, 틱장애 등 수도 없이 많다. 또한 뇌세포가 괴사 되어 생기는 뇌경색, 치매, 파킨슨 병 등도 귀신들의 공격이다. 예수님도 중풍이 죄 때문이라고 말씀하셨다. 즉 죄를 짓게 하는 귀신의 소행이라는 것이다. 이처럼 뇌질환이 귀신들이 일으키는 정신질환이라는 것은 그동안 귀신을 수도 없이 쫓아내면서 발견한 내용에 불과하다.

2) 말초신경(감각기관, 소화기관, 운동기관)

성령께서는 필자에게 귀신들이 말초신경을 주로 공격한다고 말씀하셨다. 말초신경은 감각기관, 소화기관, 운동기관에 퍼져있는 신경계를 말하며, 뇌의 명령을 집행하는 주요한 기능을 하고 있다. 감각기관은 눈, 귀, 혀, 코 등의 감각을 주관하고 있다. 성경은 눈을 멀게 하고 귀를 먹게 하는 귀신이라고 콕 집어서 말씀하고 있으며, 이들 기관의 기능이 저하되면 치유가 거의 불가능하며 장애자로 살게 된다. 귀신들이 이 기관들을 주로 공격하는 이유는, 이들 기관이 손상을 입으면 치명적이고 고통은 상상을 초월하기 때문이다. 필자가 많이 보아온 질병은 이명, 비염, 축농증, 환각, 환청과 특정 단어를 발음하지 못하게 되는 증상(특히 예수피를 외치는 기도), 소화 기능(다양한 위장 질병), 장(민감성 대장증후군) 등에 다양한 고질병을 일으키고 있음을 보아왔다. 운동기관을 장악하는 증상도 많이 보아왔다. 손발에 힘을 뺀다든가, 넘어지게 한다든가, 걷지 못하게 하는 증상은 수도 없이 많았다.

3) DNA와 혈액 관련 질병

성령께서는 귀신들이 DNA를 조작하여 공격한다고 하셨다. DNA는 세포 내에 유전정보가 들어 있는 저장장치이다. 그러므로 가족력, 유전병을 포함해서 원인을 알 수 없거나, 설령 안다 해도 치유가 불가능한 발달장애, 자폐증 등을 비롯한 질병이 여기에 관련되어 있다. 필자는 아직 그런 사람들이 찾아오지 않아서 직접 확인하지는 못했다. 그러나 귀신을 쫓아내면서 혈액 속의 철분을 조작하여 빈혈을 일으키게 하는 증상은 아주 흔한 공격이었고, 고혈압과 고지혈증, 당뇨 등이 낫는 경우도 허다하였다.

4) 근육을 경직시킴

귀신에게 오래 눌림을 받은 사람들의 특징이 바로 근육이 굳어져서 어깨가 구부정하다는 것이다. 그래서 고개가 잘 돌아가지 않는 사람부터 누르면 아파서 펄쩍 뛰는 사람도 있다. 귀신들이 근육을 굳게 만들어서 혈관과 신경을 누르고, 뼈를 기형적으로 비튼다. 그래서 성경에는 귀신이 들려서 허리가 구부러진 아브라함의 딸에 대해 말하고 있다. 이 증상은 협착증이다. 필자에게도 목과 허리 디스크, 협착증과 허리가 휜 측만증 환자들이 적지 않게 찾아왔으며, 이들의 상당수는 목과 어깨가 굳어져서 몸이 기형화되어가고 있었다. 그 외에도 심장질환, 편두통, 허리통증은 귀신이 잠복한 사람에게 아주 흔한 증상이었다. 특히 호르몬을 조작하거나 망가뜨려서 유방암, 자궁암, 갑상선 질환 등을 자주 일으켰다. 또한 젊은 나이에 암에 걸린 사람들은 귀신의 공격일 확률이 몹시 높다. 그리고 거의 예외 없이 귀신들은 편두통을 일으키고 허리를 찌를 듯이 아프게 한다. 물론 귀신들이 마음을 먹으면 몸의 어느 곳이든지, 고질병을 일으키고 쇠약하게 만들고 면역기능을 떨어뜨려서 종합병원을 만들고 있다. 위의 내용은 필자가 그동안 귀신을 쫓아내면서 알아낸, 귀신들이 일으키는 고질병의 패턴이라는 것을 말씀드리고 싶다. 물론 축출 기도로 치유가 일어난 것으로 증명한 것임은 당연하다.

귀신들은 피를 집중적으로 공격한다

귀신들이 공격하는 유형은 다양하다. 성령께서는 필자에게 귀신들이 뇌를 공격하여 조종하고, DNA를 공격하여 망가뜨리고, 말초신경을 파괴하는 공격을 주로 사용하고 있다고 말씀해 주신 적이 있다. 말초신경은 감각기관, 소화기관, 운동기관에 폭넓게 퍼져 있는 신경계이다. 그러므로 귀신들이 정신과 육체 혹은 유전자 정보가 들어 있는 DNA까지 공격하여 파괴한다면, 못하는 공격이 없다는 게 아닌가? 그러나 필자의 주장을 인정하는 이들이 거의 없을 것이다. 그래서 필자가 눈여겨본 대목을 중심으로, 귀신들이 어떻게 육체를 병들게 하여 파괴하는지 살펴보고 싶다.

> 예수께서 안식일에 한 회당에서 가르치실 때에 열여덟 해 동안이나 귀
> 신 들려 앓으며 꼬부라져 조금도 펴지 못하는 한 여자가 있더라 예수께
> 서 보시고 불러 이르시되 여자여 네가 네 병에서 놓였다 하시고 안수하
> 시니 여자가 곧 펴고 하나님께 영광을 돌리는지라(눅 13:10~13)

위의 구절은 예수님께서 허리가 꼬부라진 여인을 고쳐 주신 사건을 말하고 있다. 18년 동안 허리가 꼬부라졌다면 이미 불구가 된 지 오래이며, 이 증상을 현대 의학으로 협착증이라고 말한다. 오랫동안 강도 높은 노동을 하여 허리 디스크가 오고 등뼈가 들러붙게 된다. 등이 휜 할머니, 할아버지가 이 경우인 것이다. 그러나 갑작스럽게 협착증에 걸린 젊은이도 적지 않다. 그 이유는 의사들도 잘 모른다. 그러나 예수님은 위의 여인이 귀신 때문에 협착증으로 불구가 되었다고, 그 원인을 콕 집어서 밝히고 있

다. 기이한 일이다. 그러나 더욱 기이한 사건은, 영성학교에 찾아온 사람 중에 협착증으로 고생하는 젊은이가 더러 있었는데, 그들이 오랫동안 귀신의 공격을 받아 정신질환과 여러 장기가 심하게 고장난 증상을 동반했다. 그래서 귀신을 쫓아내면서 이 증상이 급속도로 좋아졌다. 그뿐만이 아니다. 귀신에 의해 오랫동안 눌려 있던 사람들 중에 적지 않은 인원이, 목과 등 근육이 굳어져서 목이 자라목이 되고 척추 측만증과 디스크나 협착증으로 고생하고 있다는 것이다. 귀신이 오랫동안 잠복한 사람 중에는 이런 증상이 많이 있다는 게 기이하다. 그래서 좀 더 구체적으로 물어보니, 갑자기 목과 등 근육이 굳어져서 경락이나 마사지를 받아도 그때뿐이며, 항상 아프기 때문에 자라목을 하거나 구부정하게 걸어다닐 수밖에 없다고 한다. 이런 증상은 오륙십 대의 중년뿐 아니라, 십 대나 이십 대, 삼십 대의 나이에도 동일하게 나타나고 있다. 주목할 것은, 이들이 죄다 귀신들이 오랫동안 잠복한 다른 증상이 있는 사람들이라는 것이다.

등 근육이 굳으면 등이나 목뼈가 당기어 올라가서 비틀어지며 기형적으로 굳어지게 된다. 그래서 이러한 증상이 오래되면 협착증이나 척추가 옆으로 휜 측만증이 생기는 원인이 된다. 그러나 그뿐만이 아니다. 근육이 굳게 되면 혈액순환이 원활하게 되지 않는다. 그래서 심장에 무리가 가며, 고혈압이나 당뇨, 중풍 등이 생겨나고, 간이나 콩팥, 췌장, 폐, 위장, 대장 등의 주요한 장기도 굳어져서 염증이 생기고 쇠약해지며 면역에 취약해져서 고질병이 되는 것이다. 그래서 시간이 지나면 암으로 전이가 되며 고질병이 되어 죽음에 이르게 되는 것이다. 말하자면 귀신이 근육을 경직시키고 긴장시키는 이유는, 혈액의 순환을 원활하게 하지 못하게 방해하여 장기를 파괴하기 위한 포석인 셈이다.

영성학교에 식구 중에는 오랫동안 빈혈과 혈소판 수치의 부족으로 고생하는 자매님이 계시다. 그래서 일 년에 한두 번은 응급실에 실려 가서 수혈을 받곤 했다. 그런데 이 분에게서 귀신들이 드러나는 증상은 엄청났다. 또한 얼마 전에 남매인 중학생과 고등학생이 급성 빈혈이라는 진단을 받았다. 빈혈의 수치는 학업을 중단하고 입원해서 치료를 받아야 하는 중대한 상태였다. 그러나 이미 귀신의 공격임을 간파하고 기도에 집중을 했다. 결과적으로는 그리 오래되지 않아서 빈혈 증상은 정상적으로 돌아갔다. 또한 최근에 기도훈련을 하던 다른 자매에게도 심각한 빈혈 증상이 나타났다. 그러나 필자는 그간 얻은 학습 효과로, 걱정하지 말고 예수피를 외치면서 기도에 집중하라고 권면했다. 그 이유는 이들 모두 귀신들이 잠복한 증상이나 귀신들의 다른 공격이 드러났기 때문이다. 결론적으로 이들 모두는 기도로서 이 문제를 말끔하게 해결했다. 이런 경험을 토대로 귀신들이 혈액순환을 방해하거나, 혈액 속의 철분이나 혈소판 수치를 부족하게 만들어 공격한다는 것을 잘 알게 되었다. 그러나 대부분의 사람들은 병원을 찾아서 이 문제를 해결하려고 할 것이다. 그러나 근본적인 원인을 제거하지 않으면 문제를 더욱 키우게 될 것이다. 근육을 경직시키며 스트레스를 주어 각종 중요한 장기를 파괴하는 귀신들의 공격의 핵심은 혈액순환을 방해하거나 혈액에 문제를 일으키는 것에 초점이 맞추어져 있다. 피가 생명의 원천이라는 것을 귀신들이 잘 알고 있기 때문이다. 그러므로 걱정, 염려, 불안, 두려움, 조급함, 의심, 좌절, 절망, 미움, 시기, 질투, 분노, 억울함, 불평, 불만, 원망, 짜증, 싸움, 분열 등의 죄를 지으면, 필시 스트레스를 받아 근육이 경직되며 혈액순환이 문제가 생겨, 등이나 목 뼈가 기형적으로 굳어지거나 심장을 비롯한 각종 장기들이 병들고 쇠약하게 되어 암으로 전이되고 치명적인 죽음의 원인이 되는 것이다.

귀신들은 몸을 허약하게 만든다

　체질이라는 단어를 사전에서 찾아보면, '사람에 있어 유전적소인(遺傳的素因)과 환경요인의 상호작용에 의해서 형성되는 개체의 종합적인 형질'이라고 나와 있다. 위의 설명은 어려운 말로 되어 있지만, 쉽게 풀어보면 태어날 때부터 정해진 건강 상태라고 보면 이해가 될 것이다. 즉 태어날 때부터 정해진 체질이라면 죽을 때까지 가지고 살게 마련이다. 그래서 비만 체질은 물만 먹어도 살이 찐다고 하고, 허약 체질은 비싼 보약을 아무리 먹어도 별 효과가 없다는 말을 듣게 된다. 그렇다면 기도로서 체질도 바꿀 수 있는가? 하나님은 못 하실 것이 없는 분이기 때문에 이론상으로는 당연히 가능하다. 그러나 솔직히 말해서, 기도로서 고질병이나 정신질환을 치유하는 것조차 거의 불가능한 게 우리네 교회의 현실인데 체질을 바꾼다는 것은 들어본 기억조차 없을 것이다. 타고날 때부터 유전적인 요인으로 된 체질을 어떻게 바꿀 수 있다는 말인가?

　　예수께서 모든 도시와 마을에 두루 다니사 그들의 회당에서 가르치시며
　　천국 복음을 전파하시며 모든 병과 모든 약한 것을 고치시니라(마 9:35)

예수께서 그의 열두 제자를 부르사 더러운 귀신을 쫓아내며 모든 병과

모든 약한 것을 고치는 권능을 주시니라(마 10:1)

예수님과 제자들의 사역은 귀신을 쫓아내고 질병을 고치면서 복음을 전하고 영혼을 구원하는 것이었다. 그러나 기이하게도 우리네 교회에서는 귀신을 쫓아내는 것을 뾰족한 눈으로 쳐다보고, 질병을 고치는 일을 하려고도 하지 않는다. 그러면서 이러한 성령의 능력은 사도 시대에 끝났다는 신학자들의 주장 뒤에 숨어서 자신들의 무능과 무기력을 감추고 있다. 그러나 영성학교는 아니다. 성경에 있는 그대로, 성령의 능력이 나타나지 않으면 성령의 사람이 되었다고 인정하지 않는다. 그렇다면 다시 위의 말씀으로 돌아가서, 예수님께서 제자들에게 모든 병과 모든 약한 것을 고치는 권능을 주셨다는 대목을 찬찬히 살펴보자. 모든 질병을 고치고 모든 약한 것을 치유하는 능력을 주셨다고 하지 아니한가? 그렇다면 모든 약한 것은 무엇을 말하고 있는가? 약한 것이란, 쇠약한 체질을 가진 사람들을 말하고 있다는 것을 어렵지 않게 알 수 있을 것이다. 그렇다면 기도로써 쇠약한 체질을 가진 사람들을 건강한 체질로 바꿀 수 있다는 말이 아닌가? 그러나 이런 얘기는 기도로써 질병을 치유한다는 사람들에게조차 들어본 말이 아니다. 성령께서는 필자에게 귀신들이 어떤 놈들인지 말씀하신 적이 있다. 악하고 더럽고 몸살 나게 하고 쇠약하게 하는 놈들을 쫓아내라고 말이다. 악하고 더럽다는 말씀은 성경에서도 적지 않게 보이는 표현이며, 몸살 난다는 말은 고통스럽다는 뜻이므로 질병으로 고통을 준다는 의미로 받아들일 수 있다. 그러나 마지막 '쇠약하게'라는 표현은 의미심장하다. 바로 위에서 약한 것을 고치신다는 구절에 나오는 표현이

기 때문이다. 그렇다면 쇠약하게 하는 귀신들을 쫓아내면 몸이 건강해지고 튼튼해진다는 의미로 받아들일 수 있기 때문이다.

아시다시피, 필자의 사역은 성령이 내주하는 기도 훈련을 하고 있다. 성령이 내주하시는 증거로써 귀신이 쫓겨 나가고, 귀신이 일으킨 각종 정신질환과 고질병이 치유되며 세상에서 해결할 수 없는 삶의 문제들이 해결되어야 한다. 기도 훈련에 관심이 없는 사람들도 자신의 문제를 해결 받으려면 기도 훈련에 동의해야 한다. 그래서 지금까지 정신질환과 고질병으로 고통받는 이들이 적지 않게 찾아왔음은 물론이며, 수많은 이들이 질병에서 놓임을 받았다. 그러나 개중에는 고질병이 없이, 갈급한 마음으로 하나님과 깊게 교제하는 기도의 방법을 알고 싶어 찾아온 이들도 적지 않았다. 그러나 이들 중 상당수는 전혀 건강한 상태가 아니었다. 타고난 유전병이나 가족력은 물론, 고혈압이나 당뇨 등의 성인병으로 고통받고 있었으며, 위나 장이 쇠약해서 소화 기능이 제 기능을 못 하고 있으며, 심신이 허약해서 잔병치레를 자주 하고 조금만 힘든 일을 해도 앓아눕는 이들도 적지 않았다. 그러나 그게 고질병이라고 생각하지 않고 운명처럼 받아들여서 이 땅을 떠날 때까지 가지고 있어야 하는 체질로 알고 있었다. 말하자면 이들은 허약한 체질이나 특정한 질병에 잘 걸리는 체질로서, 성령이 내주하는 기도훈련을 하면 귀신이 쫓겨나고, 건강한 체질로 바뀌어야 할 것이다.

그렇다면 체질이 허약하거나 쇠약한 이유는 무엇인가? 바로 귀신들이 몸에 오랫동안 잠복해 있으면서 몸을 허약하고 특정한 기관에 들러붙어

장애를 일으키기 때문이다. 그래서 성령과 깊고 친밀하게 교제하는 기도의 습관을 들이면 몸이 건강 체질로 바뀌는 것이다. 현대를 살아가는 우리들은 과거에 비해 의료기관, 의학이나 치료기술이 발달해서, 몸이 조금이라고 아프고 사소한 질병에 걸리면 곧장 병원을 찾아간다. 그러나 병원 치료를 자주 받는다고 몸이 건강해지고 쇠약한 체질이 튼튼해지는 것은 아니다. 항생제를 오래 복용하면 부작용이 생기고, 병원에 자주 다닌다고 해서 건강해지지 않는다. 결론은 타고난 허약 체질이 건강 체질로 바뀌어야 한다. 이는 우리의 몸을 만드신 하나님만이 하실 수 있다.

건강을 유지하는 기도의 능력을 기르라

아시다시피, 필자는 성령이 내주하는 기도 훈련 사역을 하고 있다. 그러나 이 기도는 필연적으로 기도를 방해하는 귀신들의 공격을 맞닥뜨리게 된다. 그래서 귀신을 쫓아내면서, 자연스럽게 귀신들이 일으킨 질병들이 치유되는 과정이 뒤따르고 있다. 그러나 이런 일들은 우리네 교회에서 기이한 일이다. 우리네 교회에서 귀신에 대한 이야기는 거의 들을 수 없으며, 간혹 귀신을 쫓아낸다는 이들도 귀신을 쫓으면서 드러나는 괴성과 기이한 동작을 보고 귀신이 나갔다는 말만 반복하고 있다. 그렇다면 성령의 은사로 질병을 치유한다는 이들은 어떠한가? 내적 치유를 한다는 이들은 심리적인 기법을 동원하여 편지를 불태우고 바가지를 깨트리면서 카타르시스를 경험하게 한다. 그러나 이러한 치유방식은 최면 치료나 꿈 치료, 음악이나 미술치료, 마인드 컨트롤이나 초월 명상 등의 뉴에이지에서 나온 귀신들의 속임수에 불과하다. 어떻게 교회에서 십자가의 보혈의 공로에 의지한 기도로 치유하는 사역이 아니라, 심리적인 느낌이나 감정적인 변화로 치유한다고 하니 기이한 일이다. 세간에 유명한 치유 사역을 한다는 한 분은 선포 기도로 치유한다고 한다. 낫는다는 믿음을 큰 소리로 선포한다면 치유가 일어난다는 것이다. 그러나 성경에는 자기 확신이나 자기암시 등의 확신이 믿음이라고 한 적이 없다. 성경적인 믿음은 하나님이 주시는 선물이다. 그래서 성경적인 믿음은 기도하는 것마다 기적이 일어나고, 귀신을 쫓아내며 질병을 치유하는 증거로 증명하여야 한다. 그러나 자의적인 결심이나 확신으로 기도하는 것은 귀신이 속이는 것일 뿐이다. 아마 이러한 비성경적인 치유방식이 우리네 교회 주변에서 행해지는 치유 사역일 것이다.

> 예수께서 각색 병든 많은 사람을 고치시며 많은 귀신을 내어 쫓으시되 귀신이 자기를 알므로 그 말하는 것을 허락지 아니하시니라(막 1:34)

> 그의 소문이 온 수리아에 퍼진지라 사람들이 모든 앓는 자 곧 각색 병과 고통에 걸린 자, 귀신 들린 자, 간질하는 자, 중풍병자들을 데려오니 저희를 고치시더라(마 4:24)

예수님의 사역은 귀신을 쫓아내고 질병을 치유하시는 것이었다. 그래서 이 소문을 들은 수많은 백성들이 예수님을 찾아왔던 것이다. 또한 예수님은 귀신을 쫓아내고 불구를 회복하시고 질병을 치유하시면서, 이 질병이나 불구의 원인이 바로 귀신임을 콕 집어서 말씀하셨다. 그래서 벙어리가 되고 눈멀게 하는 귀신, 귀신 때문에 허리가 꼬부라진 여인, 귀신들려서 간질에 걸리고 정신병자가 되었다고 말씀하신다. 그렇다면 귀신을 쫓아내면 불구가 회복되고 고질병이 나아야 되지 않겠는가? 그게 성경에서 말하는 성령의 사역이고 증거이다. 그러나 이 시대에는 예수님과 사도들이 했던 사역을 하는 이들을 눈 씻고 찾아볼 수가 없다. 수많은 교인들이 방언을 말하며, 어떤 이들은 예언을 선포하고, 어떤 이들은 성령 춤, 방언 찬송, 웃으며 뒤로 자빠지고, 금가루가 손바닥에 떨어지고, 다른 이들의 아픔이 전이된다는 임파테이션을 주장하면서 이 같은 현상이 성령의 역사라고 외치지만, 성경에 없는 내용이거나 성령의 역사라고 하더라도 성령의 증거나 변화, 능력이나 열매가 없다면 귀신의 속임수일 것이다.

그러나 필자의 사역은 사도들처럼 엄청나고 놀랍지는 않지만 비슷한 흉내는 내고 있다. 성령이 내주하는 기도훈련을 통해서, 귀신이 드러나면 이를 쫓아내는 과정에서 고질병이 치유되는 일이 허다하다. 그래서 세상에서 해결할 수 없는 정신질환과 고질병자들에게 손을 내밀고 있다. 이미 그런 증거가 수도 없이 나타났기 때문이다. 그래서 어떤 과정을 통해 정신질환이나 고질병이 치유되었는지, 그간의 과정을 되짚어보겠다. 정신질환자들과 상당수의 고질병 환자들의 몸 안에는 수천 마리의 귀신들이 들어있다. 그래서 이들이 하나님을 부르는 기도를 시작하면 귀신들이 드러나는 현상을 보이기 시작한다. 물론 사람마다 증세가 다르지만, 나름대로 규칙적이고 일정하게 드러나는 현상이 있다. 그래서 필자가 이 현상을 토대로 귀신들의 활동이나 공격의 데이터를 쌓아놓은 셈이다. 하나님을 부르는 기도를 시작하면 가장 먼저 나가는 귀신들이 하급 영이다. 하급 영들은 두려움이 많아서 떼를 지어 도망치기 일쑤이다. 그 다음에 나가는 귀신들은 중간급의 귀신이다. 중간급의 귀신들은 그냥 나가는 것이 아니라 몸을 아프게 하거나 두려움을 주거나 정신을 혼미하게 하거나 머리를 아프게 하는 등의 공격을 한다. 그러나 이들이 나가거나 공격하고 있는 와중에도 센 놈은 이를 관망하고 있다. 센 놈은 미혹의 영이다. 미혹의 영이 하급 귀신과 중간급의 귀신들을 통제하고 있다. 그래서 기도를 시작하면 많은 숫자가 나가면서 몸이 회복되기 시작한다. 특히 몸을 공격하여 아프게 하는 중간급의 귀신들이 나가면 몸이 확연하게 낫는 현상을 보인다. 물론 본인의 기도의 강도와 중보기도, 혹은 성령의 능력이 있는 축출 기도자의 기도를 받는다면 신속하게 나을 것이다. 필자의 경험으로는 2개월을 기점으로 확연한 변화를 보이고 있다. 그러나 2개월이 지나면 귀신의 숫자는 많이 줄어들어서 확연한 치유의 현상은 보이지만, 남은 놈들은 중간급이나 센 놈들만 남아 있게 된다. 이들은 그동안의 기도의 강도와 빈도를 가지고는 쉽지 않다. 그래서 7~80%는 좋아졌지만 뿌리가 안 뽑히고 있거나, 중간급 놈들과 센 놈들의 숫자가 많고 오랫동안 몸 안에 집을 짓고 자리를 잡고 있었다면 긴 시간동안 사투를 벌여야 할 것이다.

사랑하는 자여 네 영혼이 잘 됨같이 네가 범사에 잘되고 강건하기를 내가 간구하노라(요삼 1:2)

중풍이나 치매, 뇌경색, 암, 당뇨, 심장병 등의 성인병이나 중병에 걸렸거나, 불치의 병 혹은 몸이 오랫동안 쇠약해져서 면역력이 약해져서 여러 고질병에 시달리는 경우라면, 위급한 상태에서 회복되는 것은 비교적 신속하게 치유가 된다. 그러나 중병이나 성인병이 오는 기간은 적어도 몇십 년의 세월 동안 천천히 진행되어, 몸이 쇠약하게 되어 면역력이 약해지고 질병에 취약한 장기부터 서서히 위독한 상태가 된 것이다. 그러므로 위독한 병에서 벗어나는 것과 몸이 회복되어 건강해지는 것은 별개이다. 말하자면 몸이 원래의 건강한 상태로 되는 것은 장기간의 기도가 필요하다는 뜻이다. 또한, 열심히 기도하다가 어느샌가 느슨해지거나 기도 줄을 놓친다면, 예전의 위독한 상태로 돌아가는 일도 비일비재하다. 왜냐면 센 놈들이 정체를 드러내지 않고 꼭꼭 숨어 있다가, 기도가 약해지는 틈을 타서 공격해 오고 있기 때문이다. 그래서 센 놈들이 죄다 뿌리가 뽑히고 건강한 몸으로 회복되는 상태까지 되려면 오랫동안 꾸준히 기도할 수 있는 기도 습관을 들여야 한다. 물론 이는 필자가 그동안 수백 명의 사람들에게서 귀신을 쫓아내고 고질병을 치유하면서 알아낸 정보와 경험에 의한 것이다. 성경에는 이렇게 구체적이고 자세하게 나와 있지 않기 때문에, 그동안 겪은 필자의 체험으로 말씀드리는 것이다. 어쨌든 귀신들은 죄를 짓게 만들어서 하나님을 떠나게 하고, 몸과 영혼과 삶을 파괴하고 불행에 빠뜨려서 고통을 주고 생명을 사냥하는 놈들이다. 그러므로 성령이 내주하는 기도 습관을 들이는 것이, 이 땅에서 평안하고 건강하게 천국을 누리다가 영원한 천국에 들어갈 수 있는 유일한 방법이다.

3장
가정

가정불화의 원인

가정은 안식과 행복을 누리는 보금자리이다. 세상에서 하루하루를 힘들고 어렵게 살다가도 가정에 돌아와 가족들과 사랑을 나누며 기쁨을 누리는 것이 보통 사람들의 행복이다. 이를 잘 아는 악한 영들은 가정을 파괴함으로써 삶과 영혼을 사냥하고 있다. 파괴된 가정은 뿌리가 뽑힌 나무와 같이 죽음을 기다리는 처지인 셈이다. 그래서 악한 영들이 어떻게 가정을 파괴하는지 찬찬히 살펴보자.

극심한 가난

가장이 생활비를 벌어오지 않는 가정은 가족들이 불편함과 걱정, 불안, 두려움 등이 상존하게 될 것이다. 가장이 불의의 사고나 질병으로 돈을 벌 수 있는 능력을 상실하는 경우도 있지만, 알코올 중독이나 게으름이 만연하다면 남은 가족들에게 더욱 심각한 분노와 깊은 상처를 안겨줄 것이다. 물론 남편을 대신해서 아내가 가장의 역할을 하기도 하지만, 그런 경우는 아내가 가족을 돌보아주어야 할 시간과 마음이 턱없이 부족하게 된다. 대부분의 경우 아내의 수입은 남편의 수입보다 훨씬 적게 마련이다. 어쨌든 가장이 생활비를 벌어오지 못하는 가정은 분노와 짜증, 갈등과 싸움으로 채워지고 가족들은 염려와 걱정, 두려움과 불안을 양식으로 삼아 영혼을 채우고 있다. 극심한 가난에 빠지게 만드는 것이 바로 악한 영들이다. 악한 영들은 가장에게 술이나 각종 육체의 쾌락에 빠지게 하여 노동력을 상실하게 하거나 탐욕과 조급함을 넣어 막대한 대출을 얻어 투자와 사업에 실패하게 만들어 악성 부채에 시달리게 한다. 이런 가정은 대부분 열악한 주거환경에 놓여있으며 불안한 미래로 인해 가족들의 마음이 어둡고 불편할 수밖에 없다. 이런 부정적인 마음이 바로 악한 영들이 자라나는 인큐베이터가 된다. 이렇게 결손가정에서 자라난 자녀들이 성인이 되어 가정을 꾸려도 자녀들에게 잠복했던 귀신들은 같은 방식으로 가정을 파괴하는 것이다.

배우자와의 불화

가정을 파괴하는 두 번째 원인이 바로 배우자와의 불화이다. 배우자와의 불화의 원인은 다양하지만 가장 으뜸이 되는 것이 바로 성격 차이이다. 그러나 어떤 부부도 성격이 같은 사람들은 없다. 사람의 마음은 이미 태어날 때부터 죄악으로 오염되어 있어서 자기중심적으로 생각하며 자신이 주인이 되어 살아간다. 그래서 부부간에도 서로 자기에게 잘해 주어야 한다고 고집하고, 배우자가 조금이라도 잘못하면 오해하고 과장되게 생각하여 갈등을 빚고 싸우게 되는 원인을 제공하게 된다. 결국 자신 안에 있는 부정적인 생각을 넣어주는 죄를 부추기는 악한 영과 싸워 이기지 않는다면 배우자와의 관계는 언제나 살얼음판을 걷게 될 것이다. 또 배우자와의 불화의 원인을 제공하는 것이 음란과 불륜이다. 지금의 세상은 음란의 바다에 떠 있다고 해도 과언이 아니다. 성령께서는 지금의 시대는 성적 타락이 극심했던 소돔과 고모라와 같다고 말씀하셨다. 그러므로 성적 쾌락을 부추기는 모든 유혹과 맞서 싸우지 않는 부부는 가정이 위태로운 상황에 있는 셈이다. 그 외에도 배우자와 싸우고 갈등을 빚는 원인은 수도 없이 많겠지만, 부부간에 서로 사랑하고 불쌍히 여기는 마음이 없다면 가정은 항상 위태로울 수밖에 없다.

자녀의 탈선

자녀의 반항이나 탈선으로 인해 가정이 무너지고 깨지는 일도 비일비재하다. 작금의 이 시대는 많은 자녀를 두는 것이 아니라 한두 명에 불과하기 때문에, 부모들이 자녀를 금지옥엽으로 기르면서 자녀들을 독불장군으로 키우기 쉽다. 악한 영들은 어릴 때부터 몸에 잠복해 들어가 있지만 어릴 때는 영향력이 없어서 존재감을 드러내지 않는다. 그러다가 청소년기부터 존재감을 드러내고 영향력을 행사한다. 청소년기의 자녀들이 반항적인 성격이 되는 이유가 바로 이 때문이다. 즉 자아가 형성되어서 자기 생각이 확고하며 호불호가 명확하게 갈린다. 성경은 인간의 마음은 죄로 인해 변질하였다고 선포하고 있다. 그래서 청소년기를 시작으로 미움과 분노, 싸움과 분열의 죄악된 생각을 넣어주어 가정을 파괴하고 부모와 학교, 사회의 권위에 도전하고 반항하는 행태를 보이기 시작한다. 결국 자녀가 부모와 교사의 가르침과 훈육에 반항하고 탈선하면서 부부간에도 자녀교육이나 탈선의 책임의 원인을 두고 갈등과 싸움이 빚어지며, 자녀는 기성의 권위에 대해 반항과 탈선을 거듭하면서 가출을 하고 음란에 빠지며 범죄를 저지르게 되기도 한다. 자녀의 반항과 탈선은 가정에 깊은 상처를 안겨주며 자녀들이 성인이 되면서 돌이킬 수 없는 상황에 놓이기도 한다.

부모의 지나친 간섭과 억압

성경은 성인 남녀가 결혼을 하고 가정을 꾸리면 부모를 떠나라고 명령하고 있다. 떠나라는 말은 관계를 맺지 말라는 뜻이 아닐 것이다. 결혼을 하고 새 가정을 이루면 부모로부터의 지나친 영향력에서 벗어나서 독립적인 관계가 되었다는 의미이다. 그러나 우리네 민족의 정서는 가족 간의 끈끈함이 어느 나라와 민족 못지않다. 이는 농경문화와 더불어 유교적인 문화와 관습이 뿌리 깊은 정서로 남아있기 때문이다. 그래서 결혼을 해도 부모와 같이 한 지붕 아래에서 살아왔다. 그래서 좋은 면도 있지만, 부모의 과도한 간섭이나 억압으로 인해 부부가 정신적으로 독립하지 못하는 폐단이 일어나기도 한다. 특히 시부모와 같이 살고 있는 며느리는 스트레스를 심하게 받게 된다. 그래서 예로부터 고부간의 갈등은 무척이나 유명하다. 또한 우리네 부모들은 자식들에게 인생의 모든 것을 바쳐서 공부를 시키고 막대한 결혼 자금을 대 주며 집도 구입해 준다. 그래서 부모들은 자신들의 희생에 대해 고마워하지 않거나 노후를 책임지지 않으려는 자식들에게 실망과 분노를 퍼붓게 된다. 이는 부모 자식 간에 잘못된 관계 때문이다. 성경은 부부가 되어 가정을 꾸리면 부모로부터의 지나친 간섭과 억압에서 벗어나야 한다고 명령하고 있다. 그러므로 자식이 결혼하여 새 가정을 꾸리면 부모로부터 정신적으로 독립해야 하는 것이 마땅하다. 자녀들에 대한 정도를 벗어나서 지나친 간섭이나 부모의 주장을 강요한다면 하나님의 뜻을 위배하는 것이다. 부모들의 지나친 간섭과 억압으로 인해 적지 않은 가정이 고통을 받으며 이혼의 빌미를 제공하는 것은 슬픈 일이다.

악한 영으로부터 가정을 지켜내라

부부가 오랜 갈등과 싸움 끝에 가정이 깨지고 가족들이 보금자리를 잃고 뿔뿔이 흩어지는 이유가 무엇인가? 사랑이 무너지고 인내가 바닥을 드러내고 분노가 폭발했기 때문이라고 말하는 이들도 적지 않을 것이다. 그러나 모든 부부들이 이런 상황을 원치 않았을 것이다. 그러나 자신도 모르게 화가 나고 싸움이 잦아지다 보면 마침내 이혼의 상황까지 도달하게 마련이다. 설령 이혼까지 가지는 않더라도 남보다 못한 관계로 사는 부부도 적지 않다. 그렇다면 왜 이런 일이 발생하느냐고? 성경은 사람의 마음과 생각은 부패하였고 죄로 오염되었으며, 커튼 뒤에 죄의 덫을 놓고 부추기어 죄에 걸려 넘어지게 하는 사탄의 그림자가 어른거리고 있다고 말하고 있다. 그러나 교회에서 이에 대한 가르침을 구체적으로 들어본 적이 없는 대다수의 크리스천들은 하나님의 모르는 세상 사람과 진배없이 이미 깨진 가정과 깨지기 쉬운 가정에서 살아가고 있다. 그렇다면 어떻게 이 문제를 해결해야 할 것인지 곰곰이 생각해 보자.

1) 가정이 교회가 되어야 한다

귀신들은 가정 단위로 공격하고 가족들에게 잠복하여 영혼과 생명을 파괴한다. 성경에는 하나님의 저주가 삼사 대에 이르며 축복이 천 대에 이른다는 말씀이 있다. 삼사 대에 저주가 내려오는 상황이 바로 삼사 대의 가족이 한 집에서 생활하기 때문이다. 그래서 귀신들은 삼사 대에 이르는 가족들에게 죄를 짓게 하는 환경을 만들어서 들어가서 잠복하는 인큐베이터로 가정을 활용하고 있다. 축복이 천 대에 이른다는 말씀은 저절로 이루어지는 게 아니라 성령이 가족들 안에 거주하도록 훈련이 된 가정이라야 가능하다. 그러나 우리네 교회는 가정 중심의 신앙이 아니라 교회 중심의 신앙을 가르치고 시행하고 있기 때문에 천대에 이르는 하나님의 축복을 경험하지 못하고 있다. 솔직히 말해서 교회에 가면 부부 따로 봉사하고 자녀들과 동떨어져서 신앙생활을 하는 가정을 만들고 있다. 그래서 교회에 가서도 자녀의 얼굴도 보지 못하는 가정이 얼마나 많은가? 사정이 이러니 자녀들이 크면 교회를 떠나는 일이 비일비재하다. 대부분의 시간을 보내는 장소가 어디인가? 바로 가정이다. 그러므로 가정에서 하나님을 섬기는 훈련이 되지 않으면 자녀들은 마귀들의 밥이 될 수밖에 없다. 이스라엘 민족들은 나라를 잃고 이천 년 동안 세계 각국을 떠돌아다니며 살았어도 가정 중심의 신앙을 올곧게 지켜왔기 때문에 나라를 다시 세울 수도 있었으며 어느 나라에 있더라도 신앙을 유지하고 후손에게 대대로 전수하고 있다.

또한 가정이 교회가 된다는 것은 예배를 가정에서 드리라는 뜻이 아니다. 가정에 온 가족들이 모여서 하나님을 예배하는 삶을 실천하라는 것이다. 예배의 삶을 사는 것과 예배 행위를 하는 것은 다르다. 하나님이 기뻐하시는 예배의 삶이 없이 종교적인 행사로 예배 의식을 드리는 것은 아무런 의미가 없다. 하나님이 가장 기뻐하시는 것이 기도와 말씀으로 하나님을 만나는 것이다. 그러므로 가정에서 온 가족이 기도하고 말씀을 읽고 자녀들에게 가르치면서 삶에 적용하도록 가르치는 것이 가정 교회가 되는 것이다. 그러나 우리네 부모들은 가정에서 하나님을 예배하고 섬기는 것에 훈련이 되어 있지 않다. 그래서 자녀들에게 신앙의 유산을 남겨주지도 못하고 자녀들이 성인이 되어 믿음을 잃고 하나님을 떠나는 것을 무기력하게 바라보아야 한다. 어쨌든 교회를 열심히 다니더라도 가정이 교회가 되지 못한다면 모래밭에 지은 집이 되고 만다. 이를 잘 아는 귀신들은 가정이 교회가 되지 못하게 하려고 안간힘을 쓰고 있다.

2) 가정을 기도하는 집으로 만들라

가정을 기도하는 집으로 만들지 않으면 마귀의 소굴이 되는 것은 시간 문제이다. 귀신들은 교회에 다니는 사람을 두려워하지 않는다. 귀신들이 두려워하는 사람은 성령의 능력이 있는 성령의 사람이다. 그러나 이런 사람들은 우리네 주변에 거의 없다. 왜 그런지 아는가? 쉬지 않고 하나님을 부르는 기도의 습관을 통해 성령과 동행하는 사람들이 거의 없기 때문이다. 귀신들은 사람 안에 성령의 능력이 있는지 단박에 알아낸다. 그렇다면 귀신들이 무서워하는 성령의 사람은 어디에서 만들어지는지 아는가? 기도원도 아니고 교회도 아니고 바로 집이다. 집은 방해받지 않고 기도할 수 있는 최적의 장소이고 사람들이 대부분의 여유 시간을 보내는 장소이기 때문이다. 그래서 온 가족들이 집에서 기도할 수 있는 습관을 들여야 한다. 가정을 기도하는 집으로 만들려면 가장인 남편과 아내가 솔선수범해서 기도하는 습관을 들여야 한다. 아침과 잠자리에 들기 전에 한 시간 이상 기도하는 습관을 들이는 것이 아주 중요하다. 그래야 자녀들도 부모님을 본받아서 기도하는 습관이 자연스럽게 뺄 수 있다. 부모가 기도하지 않고 TV나 인터넷이나 스마트 폰을 들여다보고 있는 가정에서 자녀들이 기도의 습관을 들인다는 것은 불가능하다. 거실에서 TV를 치우고 인터넷 게임을 금지하고 가족들이 항상 기도하는 습관을 들이도록 하시라. 그래야 귀신들이 가정을 공격하여 가족들을 포로로 잡지 못한다. 그러나 안타깝게도 우리네 교인들의 가정에 이런 모습을 보기 힘들다. 그래서 교회를 열심히 다니는 가정이든지 선데이 크리스천이든지 간에, 세상 사람과 진배없이 불행한 사건사고가 빈번하게 일어나며 기쁨과 평안이 없는 냉랭하고 건조한 가정이 되는 것이다.

3) 자녀들에게 하나님을 섬기는 법을 훈련하라

대부분의 크리스천 가정에서는 자녀들에게 신앙 교육을 하는 책임을 교회에 맡겨 놓았다. 교회에서 주일학교나 중고등부 학생들의 신앙 교육은 성인과 같은 예배 의식과 공과공부 그리고 친교를 위한 행사 등이 전부이다. 그러나 이런 방식의 신앙 교육은 하나님을 만나는 법을 가르치지 않는다. 그래서 부모의 영향권에 있는 자녀들이 고등학교를 졸업하고 대학에 가거나 군대에 가게 되면 자연스럽게 신앙도 느슨해지다가 세속적으로 물들어서 하나님을 떠나는 경우가 허다하다. 필자는 대형 교회에서 십 년이 넘도록 중등부 교사로 봉사하면서 이런 우리네 교회의 신앙교육의 폐단을 많이 보아왔다. 교회에서 하나님을 만나는 법을 모르기 때문에 아이들에게도 하나님을 만나서 교제하는 법을 가르치지 못한다. 하나님과 깊고 친밀하게 교제하는 통로는 기도와 말씀이다. 그러나 우리네 교회에서는 성인과 같은 방식의 예배 의식을 드리거나 수련회 등을 통해 성경 지식과 교회 문화에 익숙해지게 하는 것에 그치고 있다. 그래서 목회자나 장로, 권사 등 교회 지도층의 자녀들이 타락하고 패역해져서 세상 사람들로부터 손가락질을 당하는 일도 비일비재하다. 이는 가정에서 하나님과 교제하고 섬기는 것을 가르치는 신앙 훈련의 부재 때문이다. 물론 가정예배를 성실하게 드리면서 신앙 교육을 잘 하고 있다고 여기는 이들도 있다. 그러나 가정예배를 통해서 하나님을 만나는 것은 아니다. 성경 지식을 쌓고 예배 의식을 드린다고 하나님의 사람이 되는 것이 아니기 때문이다. 그래서 가정에서 부모가 아이들에게 하나님을 만나는 기도 훈련을 시켜 쉬지 않고 하나님을 부르는 기도의 습관을 들이게 해야 한다. 또한 성경을 습관적으로 읽고 깨달음을 통해서 삶에 적용하는 훈련도 병행해야 한다. 하나님을 부르는 기도로써 성령이 안에 들어오시고, 말씀을 읽을 때나 들을 때 깨달음을 주셔서 삶에 적용하며 살아가는 성령의 사람이 된 다면 평안하고 형통한 삶을 살 수 있는 것은 물론이다. 가정에서 기도와 말씀으로 하나님을 섬기고 예배하는 삶을 부모가 솔선수범하고 자녀들에게 가르치고 훈련해야 한다. 영성학교는 가정 중심의 교회를 세우려고 노력하고 있다. 가정에서 자녀들에게 하나님을 만나는 훈련이 잘 된 가정은, 자녀들이 성인이 되어 새로운 가정을 꾸리더라도 견고한 신앙의 성이 되어서 자손만대에 하나님을 잘 섬기는 가정이 되는 토대가 되는 것이다.

4) 가정에 하나님이 안 계시면 미움과 시기, 질투, 다툼, 분노가 대신 채워진다

배우자와 다툼, 부모 자녀 간의 갈등, 부모 형제간에 단절된 가정은 우리 주변에 널려 있다. 주변에서 행복한 가정을 눈 씻고 찾아볼 수 없는 게 우리가 마주한 차가운 현실이다. 하나님이 계시지 않는 가정은 악한 영들이 접수하여 지배하고 있다. 악한 영들의 목적은 죄를 짓게 하여 하나님과 분리시켜 영혼과 생명을 사냥하여 지옥 불에 던져 넣게 하는 것이다. 그러므로 부부간에 부모 자녀 간에 형제 자매간에 서로 반목하고 미워하며 싸우고 갈등을 빚고 있는 가정이라면 필시 귀신이 지배하고 있는 가정이라고 보면 틀림없다. 왜냐면 하나님이 그 가정에 계시지 않기 때문이다. 하나님이 계시는 가정은 사랑, 평화, 격려, 배려, 용서, 위로로 채워져 있는 게 증거이다. 그러므로 악한 영의 본성과 하나님의 성품을 보면 가정을 통치하고 지배하는 세력이 누구인지 아는 게 어렵지 않다. 그러나 온 가족이 교회 마당을 성실하게 밟고 있는데 자신들의 가정이 귀신이 지배하고 있다고 상상할 수 있겠는가? 그래서 기도할 생각도 없으며 귀신들을 쫓아낼 생각조차 하지 않고 있다. 수많은 크리스천 가정들이 이혼하고 가족들이 뿔뿔이 헤어지며, 설령 같이 살고 있어도 남보다 못한 가정이 허다한 이유이다. 이는 미혹의 영이 평안과 기쁨 같은 하나님이 주시는 열매를 보지 못하게 하고 있기 때문이다.

4장

대인관계

아담의 첫아들 가인은 동생 아벨과의 갈등을 참지 못하고 끝내 죽임으로 인류 최초의 살인자가 된다. 야곱은 에서의 장자권이 탐이 나서 아버지 이삭을 속이다가 결국은 도망치듯 부모형제를 떠나게 된다. 수십 년이 지나 고향으로 돌아올 때도 형의 복수가 두려워 화해는 하였지만 함께 살지 못한다. 야곱의 아들인 요셉 역시 형들과의 갈등으로 죽음 직전까지 갔다가 결국 노예로 팔리는 불운한 운명의 주인공이다. 이처럼 성경의 위인들도 인간관계의 갈등이 심각함을 잘 보여주고 있다. 성경에만 인간관계의 갈등을 두렵게 묘사하는 것은 아니다. 우리나라에서 자살 시도자 2명 가운데 1명은 가족이나 연인과의 갈등 때문에 자살을 시도한다고 한다(질병관리본부 2009). 인간관계의 갈등이 이처럼 무섭지만 은밀한 내면의 모습을 파악하기가 힘들고 실제 드러날 때는 다른 모습을 하고 있기에 좀처럼 알아채기 어렵다. 그렇지만 인간관계에서 오는 갈등은 수많은 삶을 파괴하고 생명을 앗아가며 영혼을 파리하게 만든다.

먼 데서 찾을 것이 없이 가까운 우리 주변에서도 인간관계에서 일어나는 갈등은 너무 흔해 빠져 가십거리조차 되지 못한다. 그중에서 가장 심각한 것은 가족과의 갈등이다. 특히 시어머니와 며느리 사이인 고부간의 갈등은 예로부터 유명하다. 지금은 부모 재산의 상속 문제로 자녀들이 피터지게 싸우는 일이 빈번하다. 재벌가의 자녀들이 재산이나 사업의 상속을 둘러싸고 법정 다툼을 하거나 자살을 시도하여 사람들을 놀라게 한다. 이혼으로 가는 가장 큰 이유는 성격의 차이지만 이를 뒤집어 보면 부부간의 갈등이 봉합되지 못해 갈라서는 것이다. 예전에는 화목한 가정을 어렵지 않게 찾을 수 있지만 시간이 갈수록 가족 간의 대화는 줄어들고 관계는 단절되고 있다. 한집에 살면서 대화 없이 사는 가족이 적지 않다. 부부 사이가 그렇고 부모자식이나 형제자매 사이가 그렇다. 이유를 찾아보면 여러 가지이겠지만 오랫동안 켜켜이 쌓인 갈등이 불평과 원망을 넘어 체념으로 번지면서 서로가 말문을 닫았기 때문이다. 남이라면 보지 않고 살면 되지만 가족들은 그러지 못하기에 한집에 살면서도 서로 남남처럼 지낸다. 집에 들어오면 각자의 방에 틀어박혀 나오지 않는다. 식사 때도 서로 다른 시간대에 혼자 하기에 마주칠 기회조차 없다. 사생활을 보장해 주며 최소한의 예의를 존중해 주기에 별다른 문제가 없을 것 같은 직장에서도 갈등은 여전히 존재한다. 그래서 칸막이가 된 자리에서는 업무적인 일조차도 바로 옆에 있음에도 메신저로 주고받으며 식사 시간에도 '나홀로' 족이 늘어난다고 한다. 회식 때도 개성이 강한 신입사원과 이를 이해하지 못하는 보수적인 상사와의 갈등으로 예전의 화기애애하던 분위기가 아니라 마지못해 밥만 먹고 헤어지는 형식적인 행사로 그친다고 한다. 이같은 현상은 교회 안에서도 일어나고 있다. 목회자와 장로와의 해묵은 갈등은 접어두더라도 보수적이며 관행적인 신앙 행위를 고집하는 목회자와 성경적이며 합리적인 것을 요구하는 새로운 교인들이 늘어나고 있다. 교인들이야 교회를 떠나면 그만이지만 신앙의 울타리를 잃어버리는 탓에 믿음이 떨어지고 급기야는 신앙까지 잃어버리게 된다. 교인들이 떠나가는 것을 보게 되는 목회자야 더 이상 언급하지 않아도 시커멓게 타들어가는 가슴을 어찌할 수 없을 것이다. 이처럼 사람들은 서로 관계를 맺고 살 수밖에 없는 존재이기에 필연적으로 갈등이 발생하게 된다. 이러한 갈등을 잘 수습하지 못하기에 평안한 삶과 행복한 가정이 파괴되고 영혼은 점점 야위어진다. 개인적인 성향이 짙은 미래 세대는 현 시대보다 이 같은 현상이 더욱 늘어날 추세이다. 인간관계에서 일어나는 갈등을 지혜롭게 준비하고 적절히 대처하지 못한다면 참혹하고 고통스러운 삶만이 기다리고 있을 것이다.

문제가 생기는 원인이 무엇인가?

1) 이기적인 성격 탓에 양보하는 법을 모른다

가부장적인 유교 사회에서는 연장자가 가진 권위가 대단했다. 족보에 먼저 등재되어 있다면 나이가 많은 것보다 한 수 위였다. 그래서 항렬이 낮은 할아버지가 어린 아저씨에게 존대하며 먼저 인사하는 촌극을 빚기도 했다. 시어머니가 며느리에게 막강한 권한을 행사할 수 있었던 것은 말할 것도 없다. 갓 시집왔다면 아들을 낳을 때까지는 발언권조차 없었고 시어머니가 나이가 많아 뒷전에 물러서야 비로소 집안의 대소사를 주무르는 권한을 물려받을 수 있었다. 그렇지만 그동안 받은 설움과 수모를 어찌 잊을 수가 있겠는가? 그래서 새로 며느리가 들어오면 자신이 받은 것을 똑같이 갚아준다. 수십 년 동안 마음 깊은 곳에 쌓인 갈등이 자신도 모르게 밖으로 튀어나오는 것이다. 그래서 고부간의 갈등은 세월의 흐름에도 불구하고 견고하게 존재한다. 서로 간에 이기적인 성품을 바꾸지 않은 한 인류의 역사와 더불어 사라지지 않을 태세이다. 지금은 고리타분한 조선 시대가 아니다. 며느리라고 무조건 시어머니의 명령에 고분고분하게 복종하는 시대가 아니다. 며느리도 친정에서 금지옥엽처럼 귀하게 자란 탓에 권위적인 태도나 비합리적인 명령에 따를 생각이 추호도 없다. 이처럼 서로 간에 자신만을 위하려는 이기적인 태도를 바꾸지 않는다면 이들 사이의 갈등은 첨예하게 각을 세울 것이다. 따로 떨어져 사는 탓에 얼굴을 마주칠 일도 없고 어쩔 수 없이 만나게 되는 집안 대소사나 명절날에는 사무적으로 최소한의 인사만 교환한다. 그리고 행사가 끝나기 무섭게 뒤도 안 돌아보고 각자의 집으로 돌아온다. 사고방식을 뒤흔드는 엄청난 변화가 없다면 이들은 평생 그렇게 살다가 세상을 뜰 것이다. 자신을 위하는 성품을 보존하는 대가로 이들은 그 누구보다 가까운 가족을 잃은 것이다.

고부간이야 서로 마주치지 않는다면 그다지 삶에 악영향을 끼치지 않는다. 일 년에 며칠 쌓인 감정을 삭이는 것은 그런대로 참을 만하다. 그렇지만 부부간의 갈등은 문제의 격이 다르다. 집안 어른이나 직장 상사는 객관적인 권위가 분명하게 존재하기에 내심 내키지 않더라도 따르는 척이라도 하는 것이 세상에서 정해준 순리이다. 그래서 무리하게 요구하지만 않는다면 갈등이 증폭되거나 표면적으로 드러나지 않는다. 그렇지만 부부간의 관계는 그게 아니다. 조선 시대에는 남편의 말에 순종하는 것이 그 시대의 법도였지만 지금은 흔적도 없이 사라졌다. 사실 지금은 아내의 말이 남편보다 영향력이 더 많은 집안이 수두룩하다. 그렇지만 우리나라의 남편들은 아직도 유교적인 분위기의 잔재를 머릿속에 남겨두고 있다. 부부가 서로 대등한 관계라는 것은 객관적인 사실이지만 속내의 감정이 이를 인정하지 않는다. 자신의 생각과는 상관없이 최소한의 예의를 지켜야 하는 사회나 직장에서는 감정을 통제하지만 집안에 들어서는 순간 이 같은 장벽은 현관문이 열림과 동시에 사라지고 만다. 남편이 가정의 우두머리이고 아내는 남편의 말을 들어야 하는 시녀쯤으로 여기는 것이다. 물론 이 같은 남편의 변신을 아내가 알 턱이 없다. 그래서 결혼이 인생의 무덤이란 말이 생각나게 이들은 화목한 가정을 새로운 전쟁터로 만든다. 양말을 뒤집어 벗는다는 사소한 일에서부터 자녀의 배우자를 맞아들이는 중요한 결정에 이르기까지 끝없는 싸움으로 날이 새고 날이 저문다. 그래서 신혼여행을 끝내기가 무섭게 티격태격하다가 이혼서류에 도장을 찍는 커플부터 인생의 황혼에 이르러서도 그동안의 지긋지긋한 혼인 관계를 정리하는 노부부도 있다. 자신의 생각만이 옳고 남은 그르다는 이기적인 사고방식이 다정다감했던 부부 관계를 찢어놓고 행복한 가정을 산산조각으로 깨뜨리는 것이다. 참혹한 결과를 미리 예측한다 하더라도 생각이 바뀌지 않는 한 이들이 내린 결정은 변하지 않을 것이 분명하다.

2) 돈이 인간관계를 지배한다

미국의 어느 통계에서 평생 먹고살 만한 돈을 준다면 사랑하는 아내와 자녀들과 헤어질 수 있겠냐는 질문에 5명 중 4명이 이에 고개를 끄덕였다고 한다. 우리는 이 같은 통계를 믿고 싶지 않지만 우리 주변에 일어나는 일들은 우리의 믿음이 그다지 유효하지 않음을 깨닫게 해줄 뿐이다. 최근에 재벌사의 아들들이 아버지가 남긴 사업체를 두고 오랜 법정 싸움 끝에 자살한 사건이 세간에 회자되었다. 이미 엄청난 유산으로 부자가 된 이들도 막대한 돈을 앞에 두고는 형제간 피 튀기는 싸움에 예외가 없음을 알려준다. 개인사도 마찬가지이다. 그동안 형제자매간에 돈독한 우애로 남의 부러움을 받던 이들도 갑자기 부모가 세상을 뜨자 모호한 유언을 빌미로 인한 재산싸움으로 남보다도 못한 사이가 된 이들도 주변에 적지 않다. 재산을 앞에 두면 피로 맺어진 형제자매 간의 우애도 그다지 힘을 쓰지 못한다는 것을 보여주고 있다. 실제로 형제자매 간에 돈을 빌려 주었다가 갚지 못하면 원수지간이 되는 것은 시간문제이다. 돈 때문에 낳아고이 길러주신 부모도 살해하는 세상인데, 제 아무리 형제라도 빌려간 돈을 갚지 않는다면 사이가 벌어지는 게 요즘 세태이다.

아무리 오래 사귄 애인으로 결혼을 약속했더라도 남자친구가 직장이 없다면 결혼으로 이어지지 못한다. 설령 결혼을 했더라도 수입이 시원찮다면 오래가지 못한다. 돈 때문에 허구헌날 싸울 것이 뻔하기 때문이다. 이혼의 원인으로 손꼽히는 것이 성격상의 불화나 불륜을 넘어서 돈 문제로 인한 갈등이다. 남편이 실직을 한 지 오래되면 가정에 빨간불이 켜진다. 아내가 생활비를 번답시고 입술에 립스틱을 짙게 바르고 야사시한 옷을 입고 출근하기 시작한다면 100% 이혼으로 간다. 만약 주택자금 대출 등의 빚이 많거나 사업이나 투자에 실패해서 빚더미에 앉아 있다면 오래지 않아 이혼으로 가는 급행열차를 타게 될 것이다. 물론 그 전에 부부간에 심각한 갈등이 존재하며 자주 다투게 되는 과정을 겪게 될 것이다. 남편이 생활력이 부족하고 재정적인 문제를 해결하지 못한다고 해서 모두 이혼해야 한다면 이혼하지 않은 부부가 거의 없을 것이다. 예전에는 남편이 사고나 질병 등으로 평생 직업이 없더라도 아내가 홀로 남편 뒷바라지에 자녀를 키우며 억척스럽게 사는 것을 당연하게 생각했지만 지금은 아니다. 그렇지만 돈은 이미 부부 금실을 결정해 주는 잣대가 되었다. 가정의 생활비를 대 주지 못하거나 빚을 지게 하는 배우자는 회복할 수 없는 치명적인 갈등의 원인을 제공한다. 그 이유는 우리가 사는 이 시대가 황금만능의 물질주의를 추구하며 돈을 하나님보다 더 섬기는 시대이기 때문이다.

3) 사회적인 성품이 부족하다

인간은 사회적인 동물이라는 그리스의 철학자 아리스토텔레스의 말이 무색할 정도로 현대인은 점점 사회적인 성향을 잃어가고 있다. 인간(人間)이라는 말은 사람과 같은 의미로 쓰이고 있지만 뜻은 사뭇 다르다. 인간이라는 말 속에는 사람과 사람 사이의 관계 안에서 존재감을 느끼는 사람이라는 속뜻이 숨어있기 때문이다. 여기에는 사회적인 성품이 필수적이다. 이해심, 불쌍히 여김, 참고 견딤, 절제와 같이, 혼자가 아니라 여럿이 함께 사회생활을 하기에 지켜야 하는 내면의 덕목들을 쌓아두어야 한다. 그렇지만 지금은 씨족이나 대가족사회에서 핵가족사회로 급변하면서 사람들은 점점 개인적인 성향이 짙어지고 사회적인 성품을 잃어버리고 있다. 그중의 대표적인 것이 이해심이나 불쌍히 여기는 성품의 부족이다. 사회적인 성품은 사람들과 원활한 관계를 나눌 수 있는 성품이다. 사람들은 본능적으로 이성보다는 감정, 합리적인 것보다는 정감에 더 끌리는 성향을 가지고 있다. 그러므로 사람들과 사회적인 관계를 맺을 때 이러한 성품이 부족하다면 깊고 친밀하게 사귀기 힘들 것이고 오히려 갈등과 불협화음을 초래하게 된다. 어떤 사람이든지 자신을 이해하기를 바라고 잘못이나 실수를 동정하고 불쌍히 여기는 사람을 만났을 때는 자신도 모르게 쉽사리 마음을 열어주게 된다. 그렇지만 잘못을 지적하고 비난하는 상대에게는 본능적으로 방어기제가 작동해서 날카롭게 각을 세우고 맞상대를 하거나 싸우려 든다. 일촉즉발의 상황은 가까스로 모면했다고 할지라도 자신을 공격하려 드는 상대에게는 두뇌에서 오랫동안 적으로 간주하는 경향이 있다. 예수님이 이웃을 사랑하라는 가르침을 실제의 삶에서 적용하는 원칙으로 자신이 대접받고자 하는 대로 남을 대접하고(눅 6:31), 상대방이 원하는 것 이상을 기꺼이 해 주라고 하신 이유이다. (마 5:40) 이렇게 이해하기조차 힘든 원칙을 삶에 실행하라고 하신 것은 상대방을 위해서가 아니라 자신들의 평안한 삶을 위해서이다. 자신을 불쌍히 여기며 이해하려고 애쓰는 사람들에게 무작정 화를 내고 반목과 질시를 지속할 수 없다. 그렇지만 상대방에게 따뜻한 마음으로 덮어줄 사회적인 성품이 부족한 사람은 만나는 사람마다 친구보다 적으로 만들기 일쑤이다. 게다가 틈만 나면 자리에 없는 사람들의 흉을 보는 것을 습관적으로 즐기는 사람도 마찬가지이다. 하물며 자신을 비난하고 근거 없는 말을 만들어 비하하는 것을 본인이 알게 되었다면 엄청난 후폭풍을 피하지 못할 것이고 원수로 돌변할 것이다. 그렇지만 세상에는 모이기만 하면 자리에 없는 이웃, 교인, 직장동료와 상사를 가리지 않고 도마 위에 올려놓고 비판하며 흠집을 내는 것을 은근히 즐기는 이들이 적지 않다. 그래서 함께 모인 사람들끼리는 즐거운 소일거리가 되고 비밀스런 동지의식을 갖게 되는지는 모르지만 가십거리의 대상자에게는 총성 없는 선전포고를 하는 어리석은 행위를 저지르는 것이다.

4) 대화하는 방법에 무지하다

우리나라는 토론 문화가 약하다. 약할 정도가 아니라 아예 없다. 가정에서는 부모가 정해준 명령에 따를 것을 강요받고 학교에 가서도 이 같은 현상은 별 다를 바 없다. 어른들이 정해준 원칙을 잘 지키는 학생들만을 편애하고 이유와 원인을 캐묻고 이에 벗어나려는 학생들에게는 반항아로 낙인찍히고 권위와 처벌을 앞세워 위협할 뿐이다. 그래도 학생 때는 관용을 베푸는 손길이라도 있지만, 군에 가면 냉혹한 사회의 어두운 면을 재차 확인하고 절망하게 된다. 그래서 이들이 사회에 나오면 살아남는 능력으로 그동안 익힌 사고방식이나 생존 방법을 가감 없이 적용한다. 대화나 타협보다는 자신의 주장을 상대방에게 받아들이게 하는 기술과 전략에만 관심이 있다. 상대에게 힘이 부치면 떼를 이루고 단체의 힘에 기대기도 한다. 우리나라의 노조가 세계적 강성인 이유도 여기에 있다. 대화의 시도조차 없으며 남의 말을 들어줄 귀가 없는 사측은 노조를 동료가 아니라 적으로 여겨 힘으로 억누르고 항복을 받아내려고 한다. 그래서 노조는 노조대로 수를 모으고 단체를 규합하여 붉은 띠를 매고 거리로 쏟아져 나오는 것이다. 주장과 감정은 난무하지만 대화가 없고 이성이 힘을 발휘하지 못한다. 가정이나 학교, 사회를 막론하고 우리는 대화하는 법을 배우지 못했기 때문이다. 그래서 우리를 지배하는 것은 양보하고 타협하는 대화의 문화보다 주장하고 싸워 이기는 전투의 문화가 대세이다. 인터넷의 토론 문화가 상대방의 말을 들어주고 대화하기보다는 잔혹하게 힐난하고 욕설을 퍼부으며 능멸해야 하는 이전투구식의 싸움판이 되는 것도 토론하는 법에 우리 모두가 무지한 탓이기 때문이다.

이기적이고 탐욕적인 경영자들과 조폭과 다름없는 노조원들은 회사가 없어지거나 회사를 옮기면 더 이상 싸울 일도 볼 일도 없다. 서로 많이 먹으려고 싸우던 빵 자체가 없어졌기 때문이다. 그렇지만 전투적인 태도를 버리지 못한다면 다른 곳에서의 회사 생활도 역시 군대 생활과 별 차이 없을 것이며 직장 생활은 긴장과 투쟁의 연속일 것이다. 적어도 칼자루를 쥐고 있는 회사 측에 서있지 않다면 일평생 춥고 배고픈 일상을 맞이해야 할지도 모른다. 가정에서 이러한 태도로 일관하는 가장이 있다면 그 가정은 언제나 찬 바람이 부는 한겨울일 것이다. 배우자는 남보다 못하는 사이이고 부모자식 간에도 대화가 없는 벙어리가족의 모습일 것이다. 그러다가 부부가 이혼하여 헤어지거나 자녀들이 장성하여 부모를 떠나는 날이면 다시 얼굴을 보는 일도 거의 없이 각자의 삶을 살다가 이 세상을 떠날 것이다. 실패한 가정과 모래알 같은 가족관계가 어디에서 잘못되었는지 모른 채 불평과 원망, 비난과 힐난의 감정을 드러내다가 애잔한 유년의 기억조차 잊고 싶을 것이다. 이처럼 토론하는 법을 모르는 우리들은 가정과 사회에서 값비싼 대가를 지불하며 사는 셈이다.

어떻게 대인관계의 문제를 해결할 것인가?

1) 생각과 마음을 지켜라

갈색 선글라스를 쓰면 세상이 온통 갈색으로 보이고 검은색 선글라스를 쓰면 세상이 온통 어둡게 보인다. 그래서 고정관념을 가진 이를 두고 색안경을 쓴 사람이라고 말한다. 눈으로 보는 세상만이 아니라 마음의 선글라스도 있다. 긍정적으로 생각하는 사람은 세상이 낙천적으로 보이고 부정적으로 세상을 보면 염세주의자라고 한다. 똑같은 상황에 닥쳐서 낙천주의자와 부정적인 사람들은 받아들이는 생각이 다르기에 말이다. 행복한 사람들은 특징은 불행한 사건이나 상황과 관계없이 늘 긍정적이고 낙천적으로 생각하려고 한다. 그렇지만 이들에게 부정적인 생각이 들어오지 않는 것은 아니다. 들어오더라도 생각을 고쳐먹고 마음을 바꾸기 때문이다. 말하자면 자신의 생각을 엄격하게 통제하는 사람이다. 그러나 대부분의 사람들은 자신에게 들어오는 생각을 무방비 상태로 방치하고 있다. 긍정적인 생각이라면 행복하겠지만 부정적인 생각이 자리잡는다면 자신이 불행하다고 여기게 된다.

• 긍정적인 생각과 부정적인 생각은 파괴력이 다르다

즐거운 마음이나 평안함, 긍정적이거나 낙관적인 생각은 자신이 마음 먹는다고 생기는 게 아니다. 그렇지만 두려움, 불안, 염려, 걱정. 분노, 질투, 증오 등의 부정적인 생각들은 머리를 흔들어 쫓아내더라도 집요하게 들어온다. 이들은 파괴력이 다르다. 긍정적인 생각의 강도가 약하다면 부정적인 생각의 파괴력은 엄청나다. 예를 들어, 두려움이나 염려, 걱정 등의 감정이 지속되거나 인터넷의 메일을 우연히 열어보고 음란한 생각이 끊이지 않았다면 오랫동안 자신의 생각을 사로잡고 있을 것이다. 만일 온종일 그랬다면 일주일간 마음이 어두울 것이다. 그렇지만 몇 주일 지속되었다면 사탄이 작업을 하기 시작한다. 사탄은 탁월한 영적 능력으로 우리의 마음과 생각을 읽기 때문이다. 그래서 성경은 부정적인 마음이 들더라도 사탄이 틈을 타기에 하루를 넘기지 말라고 한 이유이다. (엡 4:26~27) 사탄이 틈을 타는 명백한 증거는 시간이 갈수록 통제할 수 없는 지경으로 빠져들게 되는 것이다. 자기연민과 부정적인 생각들은 우울증, 불면증, 공황장애, 환청, 환각을 일으키며 감정의 기복이 심하게 되며 자살 충동까지 이르게 된다. 이런 사람들을 무당에게 데려가면 십중팔구 신기(神氣)가 있다고 하면 굿을 권유하기 마련이다. 이미 사탄에게 지대한 영향력을 입고 있기 때문이다. 이 같은 증세의 사람은 정상적인 생활을 못 하며 가정이 파괴되고 영혼이 쇠약해진다. 이 같은 모습은 빙의 현상이라고 말하며 귀신들린 것과는 증세가 다르다. 귀신이 들리면 정신을 잃고 정신분열증 환자처럼 보이나 빙의는 정신이 온전한 상태에서 밤만 되면 사탄의 공격을 받아 고통을 경험하게 되는 일이 흔하다. 보통 때는 말짱하므로 자신이 심각한 증세에 빠진 것은 인정하려 하지 않아 치유가 더욱더 어렵다. 그러므로 이러한 증세의 사람들은 주변에 적지 않게 존재하며 교회 안에도 있다. 필자는 교인 중에서 이러한 증세의 사람들과 상담을 하고 치유를 하는 사역을 하고 있다.

행복한 삶에 심각한 걸림돌이 되는 이러한 증세에 빠지지 않으려면 부정적인 생각을 처음부터 쫓아내는 것이 아주 중요하다. 부정적인 생각의 가장 큰 해악은 기도를 막히게 한다. 그러므로 불안, 염려, 걱정, 두려움, 음란, 분노, 증오, 질투, 죄책감, 자기연민 같은 부정적인 생각이 들어오는 즉시 성령의 도움을 강력하게 요청하며 즉시 기도로 쫓아내야 한다. 그렇지만 대부분의 사람들은 부정적인 생각을 방치하고 있어 피해를 증폭시킨다. 특히 자신의 감정을 조절하지 못하는 사람들은 더 큰 피해를 입게 된다. 사탄의 주요한 전략은 크리스천의 가장 큰 무기인 기도를 못 하도록 하는 것에 중점을 두고 있다. 부정적인 생각을 초기에 잡지 못하면 점점 어려워지는 이유가 여기에 있다. 생각의 포로가 되면 기도를 못 하게 되기 때문이다. 이미 부정적인 생각으로 증세가 심각한 사람은 마음의 무장을 단단히 해야 해결책이 보인다. 정신적인 스트레스인 화병은 자신을 괴롭힌 부정적인 생각에 오랫동안 사로잡혀 있거나 자기연민이 증폭되어 오랫동안 고통을 받고 있는 경우이다. 증오와 질투, 분노, 불평, 불만족에 빠진 사람들은 자신뿐 아니라 가족들까지 물귀신처럼 불행에 끌어들인다. 그래서 성경은 이런 사람들과 관계를 끊으라고 단호하게 말하고 있을 정도로 폐해가 크다. (잠 22:14) 오랫동안 부정적인 생각의 포로가 된 사람은 수시로 기도하는 영적 습관을 들이는 방법밖에 없다. 이른 아침과 잠자리에 들기 전에 강력하게 성령의 내주와 동행을 요청하는 깊은 기도의 습관을 들여야 하며 낮에도 부정적인 생각이 들어오면 즉각 이를 내쫓는 경건의 습관을 들여야 가능하다. 아무리 힘들더라도 더 이상 상태가 나빠지지 않도록 최선을 다해야 하며 성령의 도우심을 강력하게 요청하는 기도가 유일한 해결책이라는 것을 잊지 말아야 할 것이다.

• 늘 마음을 새롭게 하라

음식쓰레기가 가득 찬 쓰레기통을 자주 비우지 않으면 집안에 고약한 냄새가 사라지지 않듯이, 부정적인 생각을 비우지 않으면 평안과 기쁜 마음이 들어설 수 없다. 그렇지만 무조건 비운다고 능사(能事)가 아니다. 우리의 마음이 비워지면 또 다른 무엇인가로 채워지기 마련이다. 비운 마음의 자리에 긍정적인 생각과 낙천적인 마음이 들어서야 한다. 그렇지 않다면 잡념들이 빼곡하거나 부정적인 생각들이 그 자리를 다시 차지하게 될 것이다. 바울 사도는 일상의 삶에서 항상 기뻐하라거나 모든 일에 감사하라고 했다. (살전 5:16, 18) 기뻐한 일이 있다면 굳이 말하지 않더라도 기뻐하겠지만, 슬프거나 불행한 일이 닥치고 화가 나거나 짜증나는 일이 반복되는 상황에서는 기뻐할 수 없는 노릇이다. 그렇지만 성경에는 예외적인 조건이 없다. 어떤 상황이나 환경에서도 기뻐하라고 명령하고 있다. 그 이유는 기쁘거나 감사하는 원인이 외부 조건이 충족하는 데서 오는 것이 아니라 공급원이 내부에 있다는 것을 넌지시 알려준다.

> 평안을 너희에게 끼치노니 곧 나의 평안을 너희에게 주노라 내가 너희
> 에게 주는 것은 세상이 주는 것과 같지 아니하니라 너희는 마음에 근심
> 하지도 말고 두려워하지도 말라(요 14:27)

성경에서 말하는 평안과 기쁨의 공급원은 다름 아닌 하나님이시다. 우리 마음에 하나님이 들어오시면 그분의 속성인 평안과 기쁨으로 가득 찬다는 것이다. 결국 마음을 새롭게 하려면, 언제나 성령이 내 안에 들어오

시기를 간절히 기도하는 영적인 습관을 들여야 한다는 것에 있다. 바울 사도는 박해를 당해 쫓겨 다니는 일이 다반사였고 춥고 배고픈 처지가 일상의 삶이었다. 그렇지만 그가 항상 기뻐하라고 권면한 것은, 기쁨의 원천이 그 안에 언제나 내주하시는 성령이셨기에 가능했다. 누구나 소원하는 일들이 이루어지면 행복할 것이다. 그렇지만 조건이 외부에 있다면 그 만족은 끝이 없다. 이처럼 마음을 새롭게 하는 일은 자신의 욕구를 채우는 일이 아니라 성령이 내주하셔서 동행하는 것에 있다. 그래서 성경은 아무것도 염려하지 말고 감사함으로 기도하고 요청하면 하나님의 평안이 우리의 생각과 마음을 굳게 지키신다고 말한 이유이다. (빌 4:6~7)

모든 것이 마음먹기에 달려있다는 말이 있다. 베스트셀러로 팔리는《적극적인 사고방식》이나《긍정의 힘》등도 이와 유사한 맥락의 말을 한다. 그래서 세간에는 마인드 컨트롤이니 명상이니 하는 방법이 인기를 끌고 있다. 이들이 제시하는 해결책은 불안과 초조, 걱정과 염려에 사로잡혀 살아가는 현대인들에게 한줄기 단비와 같이 반갑게 들린다. 뉴에이지 사상가들은 사람 안에 우주가 있고, 이 우주의 힘을 이끌어낸다면 초자연적인 힘은 물론 영생까지 얻을 수 있다고 말하고 있다. 그렇지만 성경은 이들의 생각과 다르다. 인간은 하나님이 만든 피조물에 불과하며 성령의 모시고 살아갈 때 비로소 놀라운 초자연적인 능력을 얻게 된다는 점이다. 인간은 연약하고 한계를 지닌 피조물에 불과하다. 그러므로 자신의 정체성을 깨닫고 하나님의 능력에 온전히 의지하며 살아가는 태도가 바로 믿음이다. 예수님은 우리가 겨자씨만 한 작은 믿음만 있다고 해도 놀라운 영적 능력의 소유자가 될 수 있다고 말씀하셨다. 그러므로 평생 평안과 기쁨을 채우며 살아가느냐 하는 것은 우리의 선택에 달려있다. 하나님의 능력을 믿느냐, 아니면 세상의 방법이나 자신의 힘에 의지하느냐 하는 것이다.

2) 배우자를 둘도 없는 친구로 만들라

절친하게 지내는 사람들도 언젠가는 헤어져야 하는 게 세상일이다. 한 집에서 곰살맞게 붙어살던 부모형제라도 결혼해서 독립해 나가면 얼굴조차 보기 어려워지는 게 현실이다. 학창시절 눈만 뜨면 항상 붙어 다니던 친구라도 직장을 잡아 떨어져 살게 되면 모임이라도 참석해야 겨우 보게 된다. 출근해서 늘 얼굴을 맞대고 있던 직장동료도 부서를 옮기거나 퇴사를 하면 잊히는 게 인지상정이다. 지금은 형제보다 더욱 친근하게 지내는 이웃들도 마찬가지이다. 딴 동네로 이사 가면 기억 속에서 점점 사라져 간다. 그들과 늘 같이 지내던 시간이 그립기만 하지만 어쩔 수 없이 존재감이 희미해지는 현실을 인정해야 한다. 그렇지만 죽음을 제외하고는 절대 떨어지지 않는 사람이 있다. 바로 부부이다. 부부는 직장을 옮기거나 이사를 가도 늘 붙어있다. 직장 때문에 평일에는 멀리 떨어져 있는 일이 생겨도 주말에는 꼭 만나야 한다. 그래서 주말부부라는 말이 생긴 이유이다. 그 부부가 좋은 사이라면 행복의 조건에 80%는 채워진 셈이다. 그렇지만 어찌 된 일인지 세상에는 사이가 좋은 부부보다 그렇지 않은 이들이 더 많다. '삼식이'라는 말이 있다. 남편이 은퇴하고 집에만 틀어박혀 있어 하루 세 번의 식사를 꼬박 차려주어야 하는 남편을 우울하게 빗댄 말이다. 이렇게 남편과 같이 있는 시간이 늘어나면 불편을 느끼는 아내가 더 많다고 한다. 시시콜콜하게 참견하며 비판하기에 감옥에 갇힌 기분이라고까지 한다. 그래서 남편의 비호감적 호칭인 원수라는 말이 공감이 간다. 눈에 흙이 들어올 때까지 운명적으로 같이 살아야 하는 부부가 원수로 불린다면 더 이상 말이 필요 없다. 지긋지긋하게 걸어온 삶이 불 보듯 환하다.

• **적과의 동침**

배우자가 동지가 아닌 적으로 불린다면 끔찍한 일이겠지만 세상에는 그런 일이 흔하다. 적까지는 아니어도 동지로 여기기에는 너무 멀게 느껴지는 게 현실이다. 친정 식구나 허물없는 친구를 만나면 남편 칭찬을 하는가, 아니면 흉을 보기에 시간 가는 줄 모르는가? 아무도 없는 집안에 배우자와 같이 있으면 마음이 편한가, 아님 거짓 핑계를 대서라도 답답한 상황에서 탈출하고 싶어 하는가? 해외 관광지의 무료 여행 경품에 당첨되었다면 가장 같이 가고 싶은 사람이 배우자인가 아닌가? 후자를 선택했다면 적까지는 아니겠지만 분명 동지와 같이 사는 것은 아니다. 그렇다면 결혼할 당시 그렇게 사랑하던 대상이 어느 날 기피 인물로 찍히게 된 이유는 무엇일까? 사랑이 식어서일까, 아니면 애초부터 사람을 잘못 보아서일까?

대통령에 당선되면 후보 시절 그토록 까댔던 적대적인 언론조차 심경을 억누르고 잠잠하게 지켜보는 기간이 있다. 이른바 언론과의 허니문 기간이다. 초보 대통령의 소프트 랜딩을 도와주는 상생 기간이라고 할 수 있다. 그동안에는 잔 실수를 너그러운 마음으로 관용하며 앞으로 잘 하라는 덕담까지 해준다. 서로 눈이 맞아 뜨거운 사이가 되어버린 남녀가 바로 그렇다. 연애하는 시절에는 상대방의 결점이 보이지 않는다. 그래서 눈에 콩깍지가 씌었다는 말이 생겼다. 서로에게 좋은 모습을 보이기 위해 애쓰는 것도 주요한 요인이지만 열정적인 사랑의 감정에 휩싸여 단점이 보이지 않기 때문이다. 게다가 다른 가정에 속해있기에 상대방에게 책임을 지워 주거나 부담을 주는 일도 생기지 않는다. 말하자면, 좋은 면만을 연출해서 보여주는 상황이기 때문에 웬만해서는 나쁜 버릇이나 고약한 생활 태도, 부족한 성품 등의 부족한 점을 알아낼 수가 없다. 그렇지만 결혼해서 한 이불속에서 살게 되면 상대방의 결점을 서서히 깨닫게 된다. 그래서 속아서 결혼했다는 말이 나오기도 한다. 정확하게 말하자면, 속아서 결혼했다기보다 상대방의 결점을 알지 못한 채 좋은 면만을 알고 결혼했지만, 같이 살다 보면 서서히 배우자의 단점이 눈에 들어온다는 것이다. 게다가 결혼을 하게 되면 각자의 책임이 주어지는데, 이를 제대로 이행하지 못하면 상대방에게 부담으로 작용한다는 것이다. 일반적으로 남편은 가족의 생계, 아내는 가정의 일을 도맡는다. 맞벌이 부부의 경우는 남편과 아내의 경계가 모호하기 때문에 서로 도와주며 책임을 분담해야 한다. 자녀가 생기게 되면 부담은 가중된다. 그렇지만 남편이 자신의 책무를 소홀하게 되면 부족한 만큼 아내에게 돌아간다. 아내도 주부로서 변화된 자신의 위치를 깨닫지 못하고 처녀 시절 오직 자신만을 만족시키는 충동구매나 과소비의 행태를 버리지 못한다면 가정은 처음부터 삐걱거리게 될 것이다. 그래서 시간이 지나면 그동안 쌓인 문제와 갈등이 점차 수면에 드러나게 되는 것이다. 연애 시절에는 큰 문제가 되지 않았던 생활 습관이나 부족한 성품도 같이 살게 되면 큰 이슈로 떠오르기 마련이다.

그렇지만 더 큰 딜레마는 이들 초보 부부에게는 이러한 문제를 해결하는 경험과 지식이 부족하다는 것이다. 이때가 참 중요하다. 배우자를 절친한 친구로 만들지 아니면 원수가 되어 서로 경원하는 사이가 될지가 결정되는 시기이기 때문이다.

배우자가 친구가 될지 원수가 될지는 본인 하기에 달렸지만 상황은 그리 호락호락하지 않다. 서로 다른 DNA를 갖고 태어나 자라온 환경이나 문화, 교육 등의 성장 과정이 판이한 이들이 동질감을 가질 확률은 희박하다. 또한 남녀 간의 근본적인 차이는 넘어가기 힘든 장벽이다. 또한 지금의 시대는 예전과 달리 한둘만 낳는 시대라, 부모로부터 금지옥엽으로 자란 이들의 성격은 이기적이고 독선적이 되기 쉽다. 그래서 사랑받고 대접받기만을 바라고 섬기고 희생하는 성품을 배우기가 어렵다. 게다가 풍요롭게 고생 없이 살아온 탓에 어려움을 닥치면 인내하고 극복하기보다 낙담하고 쉽게 포기하는 경향이 강하다. 그래서 이혼율이 가파르게 상승하는 이유이다. 이 같은 환경은 초보 부부가 친구로 지내기보다 서로 원망하고 불평하며 적으로 여기게 만드는 요건이다. 조선 시대에는 얼굴 한 번 보지 않고 부모가 짝 지어준 배필과 평생 해로하면서 살았다. 그 이유는 절제와 오래 참음이 몸에 밴 탓이다. 또한 삶의 역경과 고난을 겪으면서 서로를 불쌍히 여김과 이해하고 관용하는 마음을 기르게 된 것도 주요한 요인이다. 그렇지만 지금의 세대는 즉흥적으로 결정하고 충동적으로 행동하는 시대이다. 이런 이유로 배우자를 친구로 만들기보다 적으로 여기기 십상이다. 그렇지만 중요한 것은 그 이후다. 적으로 만든 배우자와 같이 한 지붕 아래에서 살을 맞대고 사는 것은 고문과 다름없을 것이며,

설령 이혼으로 끝을 만나는 것도 능사(能事)가 아니다. 곰을 피하려다 호랑이를 만나는 격이다. 아내는 생계비를 벌기 위해 고된 노동으로 늙어갈 것이고, 남편은 살아갈 이유를 잃고 알코올 중독자로 노숙자로 떠내려가다 쓸쓸하게 사라질 게 뻔하다. 배우자를 친구로 만들지 아닐지는 본인이 선택할 몫이지만, 받아들여야 할 운명의 후폭풍은 엄청나다. 어떤 대가를 치르더라도 절친한 인생의 동반자로 만들어야 할 이유가 여기에 있다. 행복한 삶이 아니라면 남은 인생은 결코 녹록지 않기 때문이다.

• 배우자를 친구로 만드는 법

> 네 헛된 평생의 모든 날 곧 하나님이 해 아래에서 네게 주신 모든 헛된
> 날에 네가 사랑하는 아내와 함께 즐겁게 살 지어다 그것이 네가 평생에
> 해 아래에서 수고하고 얻은 네 몫이니라(전 9:9)

이론의 여지가 없이, 성경은 아내를 얻는 것이 축복이라고 한 마디로 말하고 있다. (잠 18:22) 하나님은 외로운 아담을 위해 돕는 배필로 갈빗대를 빼내어 하와를 만들어 주신 것을 보면 축복이라는 말이 이상할 것도 없다. 무인도에서 쓸쓸하게 지내던 로빈슨 크루소에게 아름다운 선녀가 내려와 같이 살겠다고 선언한 것과 다름없을 테니까 말이다. 그렇지만 대부분의 남편은 아내를 얻은 것이 축복이라는 말에 동의하기 어렵다. 성경의 명령(?)에도 불구하고 아내와 즐겁게 살지 못하고 있다는 반증이기도 하다. 아마 하나님께서는 이 땅에서의 고단하고 외로운 인생들을 위해 천생배필을 주시는 배려를 하셨지만, 세상의 남편들이 이를 깨닫지 못하고 있

어서일 것이다. 이는 모든 아내에게도 동일하게 적용되는 말이다. 남편을 둘도 없는 친구로 만들지 못하고 있기에, 필요하기는 하지만 귀찮고 짜증나는 대상으로 여기기 일쑤이다. 그렇지만 현실을 바꾸지 못한다면 인생은 고단하고 팍팍할 뿐이다. 행복한 인생은 거저 얻어지는 것이 아니라 노력하고 애쓰는 자의 영토이다.

배우자를 친구로 만드는 첫 번째 방법은 무조건 그의 편이 되어주는 것이다. 아무런 판단도, 비판도 하지 말고 오직 충성스런 그의 편이 되는 것이다. 거나하게 취한 채 밤늦게 돌아온 남편은 무엇이 뒤틀렸는지 회사와 상사를 싸잡아 트집을 잡고 비난하고 있다. 사표를 써야겠다는 말도 빠지지 않는다. 그럴 때 아내는 난감하다. 이유도 알고 싶고 남편의 과오도 깨닫게 해 주고 싶겠지만, 절대 그렇게 해서는 안 된다. 그냥 맞장구를 쳐 주고 남편의 열혈 팬이 되어 주어야 한다. 같이 거들어 회사와 상사를 싸잡아 성토해 주어야 한다. 아침에 술이 깬 남편은 언제 그랬냐는 듯이 출근을 할 것이고 성실한 직장인으로 돌아올 것이다. 간밤에 그는 힘들고 외로운 가장으로서 그의 처지를 알아주는 사람이 필요했던 것이다. 시어머니와 갈등을 빚는 며느리와 같이 사는 남편의 위치는 참 어렵다. 아내의 편을 들면 어머니가 힐난하고 어머니의 편을 들면 아내가 불쌍하다. 이럴 때도 무조건 아내의 편을 들어주는 남편이 되어야 한다. 물론 어머니와 같이 있는 자리에서는 절대 중립을 지키고 말을 아껴야 되겠지만, 아내와 단둘이 있다면 무조건 아내의 편이 되어 주어야 한다. 별다른 이유가 없다. 아내는 어머니와 비교해서 동등한 위치에 있지 않다. 남편조차 편을 들어주지 않는다면 아내는 설 곳이 없다. 남편이 절대적인 우군이 되어준다면 아내도 역시 절친한 친구가 되어 줄 것이다. 이 원칙은 어디서나 적용된다. 형제자매나 친구, 이웃과의 갈등에서도 마찬가지이다. 왜곡된 진실로 불합리적인 오해를 받는 처지라면 당신의 도움이 절대적으로 필요하다. 코너에 몰리는 어려운 상황이라면 슈퍼맨처럼 나타나서 도와주어야 한다. 만약 절박한 처지에서 도와주기를 꺼려한다면, 당신에게 실망한 아내는 평생 등을 돌릴지도 모른다. 남편이나 아내는 서로에게 판단하거나 충고받기를 바라는 처지가 아니다. 오직 자신의 편이 되어주기를 바랄 뿐이다.

　배우자를 친구로 만드는 두 번째 비결은 불쌍히 여기는 마음이다. 고소득의 직업을 가져 호의호식하며 살았다면 서로 불쌍히 여길 이유가 별로 없다. 그렇지만 신혼 시절에 가진 게 없어 반지하에서 살림을 시작해서 수십 군데 이사를 다니면서 어렵게 살아온 아내라면 사정이 다르다. 조강지처(糟糠之妻)라는 말이 그래서 나왔다. 이는 지게미와 쌀겨로 끼니를 이을 때의 아내라는 뜻으로, 몹시 가난하고 천할 때 고생을 함께 겪어 온 아내를 이르는 말을 뜻한다. 비록 궁핍하게 살지 않았더라도 남편 뒷바라지에 자녀를 낳아 기르느라 평생을 바쳤다면 융숭한 대접을 받을 만한 이유는 충분히 있다. 오직 가정을 위해 희생해온 아내를 불쌍히 여기지 않는다면 누가 측은하게 여기겠는가? 그 처지는 남편도 다르지 않다. 칼바람이 부는 직장에서, 세 평짜리 비좁은 점포에서 평생을 보내며 소처럼 묵묵히 일하는 이유가 누구를 위해서인지 아내가 모를 리가 없다. 그런 남편을 불쌍히 여기는 것은 당연한 일이다. 그렇지만 예전에 비해 잘 살게 되어서 그랬는지 아니면 자신만이 최고라는 이기적인 성향 때문인지, 요즘은 서로를 불쌍히 여기는 마음이 그다지 남아있지 않다. 불쌍히 여기는 마음은 사랑의 시작이다. 군이 하나님의 명령이 아니라 할지라도 자신을 위해 평생을 희생하는 배우자를 진심으로 사랑하고 불쌍히 여기는 마음을 갖는 것은 지극히 당연하다. 가족을 위해 고단한 인생의 짐을 짊어지느라, 고왔던 이마가 흰머리로 덮이고 팽팽하던 얼굴에 잔주름이 깊이 팬 배우자를 찬찬히 살펴보라. 눈물이 핑 돌지 않는다면 배우자도 아니다.

마지막으로 배우자를 친구로 만드는 법은 항상 같이 있는 것이다. '비가 오나 눈이 오나 건강할 때나 병들었을 때나 검은 머리가 파뿌리 되도록'으로 시작하며 '죽음이 그들의 사이를 갈라놓을 까지'로 끝을 맺는 결혼 주례사를 떠올려 보라. 그 말을 들으면 인생과 운명 앞에서 숙연해지지 않을 수 없다. 결혼은 남자와 여자가 만나 평생 같이 있을 것을 하나님과 사람들 앞에 약속하는 의식이다. 그렇다면 부부들은 언제나 같이 있어야 한다. 물론 그들은 한 지붕 밑에서 살을 맞대고 살고 있다. 그렇지만 언제나 같이 있다고 할 수 없다. 필자 부부의 얘기를 해야겠다. 필자 부부는 절친한 사이이다. 그 증거는 언제나 같이 있다는 것으로 대변한다. 직장을 따로따로 다니던 시절을 제외하고는 언제나 늘 같이 있다. 화장품 영업을 할 때도 같이 출근하고 같이 퇴근한다. 아내가 친정에 가면 운전을 해가며 태워다주고, 친구를 만나도 언제나 함께 가고 심지어는 필자의 목회자 모임에도 같이 갔다. 그래서 우리 부부를 아는 사람들은 군이 말을 하지 않아도 으레 함께 오는 줄 알고 있다. 오랜 세월 같이 붙어 다닌 게 습관이 되어, 같이 가지 않으면 오히려 이상하다. 언젠가는 혼자서 아파트의 엘리베이터를 탔는데, 그냥 인사만 하고 지내는 이웃이 왜 오늘은 아내와 동반하지 않느냐고 물어볼 정도였다. 특별한 일이 없으면 언제나 함께 다니는 게 습관이 되어버린 이유이다. 그래서 우리 부부는 무척이나 친하다. 같이 있으면 진지한 대화뿐 아니라 농담하고 장난치며 놀아서 둘만 있어도 전혀 심심하지 않다. 언제나 같이 있다 보니 부부라기보다는 친구 사이처럼 되어 버렸다. 집안이나 친구의 대소사에 동반하는 것을 제외하고는 같이 다니지 않는 부부는 이러한 사이가 이상하게 보일지도 모른다. 그렇지만 부부가 친구처럼 항상 붙어 다니다 보면 생각도 서로 같아지고 느낌도 비슷해진다. 어느 때는 자신을 보는 것 같은 묘한 감정이 들 정도이다. 자신에게 딱 맞는 사람과 항상 같이 있다면 즐겁고 만족스러워지는 것은 당연하다. 어색함을 참고 같이 있으려고 노력해 보라. 부부의 정이 새록새록 솟을 뿐만 아니라 인생이 더없이 행복해질 것이다.

3) 관계의 덫에 빠지지 말라

영국의 작가 다니엘 디포가 지은 《로빈슨 크루소》는 배가 난파되어 무인도에 살게 된 청년 로빈슨이 혼자 살면서 겪는 다양한 이야기를 사실적인 묘사로 그려낸 소설이다. 그렇지만 실제적인 삶에서 로빈슨처럼 혼자 사는 사람은 거의 없다. 속세를 떠나 깊은 산속에 들어간 승려나 소음과 사람들을 피해 절해고도에 홀로 사는 이들도 어쩔 수 없이 만나는 사람들과 관계를 맺고 살고 있다. 특히 세분화된 직업으로 인해 자급자족을 하더라도 누군가의 도움을 받아야 하기에 혼자 살 수 없는 노릇이다. 성인이 되어 부모로부터 독립을 하더라도, 일정 기간이 지나면 배우자를 얻어 새로운 가족들과 가정을 꾸리며 살아야 한다. 사람 사이에 부대끼며 사는 것이 세상 사람들의 운명인 셈이다. 필요에 의해 혹은 어쩔 수 없이, 친밀한 관계를 맺고 살다 보면 좋은 점도 있지만 그 반대로 고통스러운 삶의 원인을 제공하기도 한다. 좋은 사람들과 따뜻한 관계를 맺는다면 행복한 삶으로 채울 수 있지만, 나쁜 사람들과 어쩔 수 없이 얽혀서 괴로움을 느낀다면 삶은 불행과 동격이 될 수도 있다. 그러므로 통찰력과 분별력을 가지고 대인관계를 지혜롭게 유지하는 능력이 누구에게나 필요하다.

• 주변 사람들이 모두 호의적인 것은 아니다

우리는 살아가면서 여러 유형의 사람들과 다양한 관계를 맺고 살아간다. 배우자와 자녀들로 대표되는 가까운 가족이 있고, 부모형제, 친척, 친구, 이웃, 직장 동료, 사업 관계자, 교회의 형제자매, 동호회원 등 혈연이나 지연으로 맺어진 다양한 부류의 사람이 있을 것이다. 물론 대부분의 사람들은 자신을 희생적으로 사랑해 주거나 호의적으로 대해 준다. 그렇지만 그렇지 않은 사람들도 있다. 다른 사람의 삶에 고통을 주며 가까운 가족들을 불행하게 만드는 이들도 섞여 있다. 문제는 그들은 이미 성인이기에, 잘못을 지적하며 가르쳐도 소용이 없고 변화를 기대하면 할수록 실망으로 돌아온다. 그들이 지연으로 맺어진 사이라면 멀리하면 큰 문제는 없다. 직장동료라고 해도 공적인 자리에서 만나며 개인적인 만남을 회피하면 더 이상 큰 문제로 발전되지 않는다. 거래처 관계자라면 더 이상 관계를 맺지 않으면 되고 동호회원이라면 동호회에서 탈퇴하면 더 이상 만날 일이 없다. 스토커처럼 쫓아다니며 치근덕거리지 않는다면야 자신을 고통스럽게 만들 일이 없다. 그렇지만 그들이 끔찍이 사랑했던 사랑하는 배우자이고 자녀이며 가까운 가족이라면 얘기가 달라진다. 운명공동체나 혈연으로 맺어진 사이이기에 단호하게 관계를 끊는 일은 더 큰 슬픔과 불행으로 이어지게 되는 이유이다. 특히 우리네 사람들은 개인적인 성향의 미국이나 유럽인과 달리 끈끈한 가족애가 두드러지기에 고통과 상처가 깊을 수밖에 없다. 희생적이고 이타적인 사람들과 관계가 맺어졌다면 인생이 더 이상 행복할 수 없겠지만, 이기적이고 악의적인 사람들과 관계를 맺고 있다면 그 반대로 불행에 빠지는 빌미를 제공할 것이다.

필자가 상담한 사람 중에도 그런 사례가 적지 않았다. 비상식적인 효도를 강요하다 못해 악의적인 죄책감을 주어서 자녀들의 발목을 잡는 부모들도 있고, 결혼을 해서도 부모 곁을 떠나지 않고 경제적인 부담을 주는 자식도 있었다. 용돈이나 생활비를 주지 않으면 막말을 하고 행패를 부리는 이들도 적지 않았다. 부모 자식 사이는 그래도 좀 낫다. 고통을 주는 상대가 배우자라면 지옥을 예약한 삶이 된다. 술에 취하면 가족들에게 욕설을 퍼붓거나 폭력을 휘두르는 남편, 집안일을 내팽개치고 대낮부터 취해 횡설수설하며 추태를 부리는 아내, 틈만 나면 사소한 일을 트집 잡아 소리를 지르고 욕설을 마다하지 않으며 공포 분위기를 조성하는 시어머니, 대학을 졸업한 지 오래지만 취직할 생각은 하지 않고 밤낮 컴퓨터 게임에 빠져 사는 아들 등 집집마다 고통의 원인을 제공하는 이들이 한둘 있게 마련이다. 이들에게 처음에는 설득도 해 보고 사정도 해 보지만 효과가 없자 시간이 갈수록 실망과 좌절감이 빠져들며 삶이 몸서리쳐지며 지긋지긋하게 된다. 이들만 없다면 장밋빛 인생일 텐데, 무기력하게 바라보아야 하는 자신이 답답하기만 하다.

• 선한 사마리아인 신드롬을 버려라

　주변의 나쁜 사람 때문에 고통과 상처를 호소하는 사람들이라고 자신에게 아무런 문제가 없을까? 정상적인 사람이라면 누구나 착한 사람이 되고 싶어 한다. 한없이 착한 아내, 더없이 자상한 남편, 희생적인 사랑을 보여주는 부모, 법 없이도 살 것 같은 이웃으로 살고 싶다. 성경에는 이런 사랑과 자비를 실천하라고 명령하고 있기도 하다. 그렇지만 희생적인 사랑을 악의적으로 이용하는 악한 사람에게까지 적용하는 것은 아니다. 서울역에 가서 기차를 기다리며 앉아 있으면 노숙자들이 구걸을 하러 돌아다닌다. 그들이 생존하기 위한 생계비라면 도와주는 것이 당연한 일이지만, 단지 술값을 마련하고자 구걸을 하는 것이라면 이들이 도움을 청하는 것을 받아들일 이유가 없다. 우리 주변에는 장애인, 독거노인, 소년가장 등 주변에는 늙거나 질병, 사고로 노동력을 상실해서 생존이 막막한 불우한 이웃들이 적지 않다. 이들을 희생적으로 도와주는 것은 하나님의 뜻이다. 그렇지만 사지가 멀쩡한데도 날마다 술에 취해 있거나 힘든 노동을 기피해서 구걸하는 이들을 도와주는 것은 이들의 비정상적인 노동관을 부추겨서 불행한 삶에서 벗어나지 못하게 하는 것이다.

　불쌍히 여기는 마음과 자비를 실천하는 사랑은 언제까지나 자발적으로 우러나와야 하는 것이지 강요받거나 마지못해 의무적으로 하는 것은 최상의 선택이 아니다. 물론 선한 일은 하기 싫더라도 하기를 원하시는 게 하나님의 뜻이다. 그러나 수혜자인 당사자가 직접적으로 요구한다는 것은 하나님의 선하신 뜻과 거리가 멀다. 늙은 부모를 섬기는 것은 따뜻한

풍습이자 하나님이 원하시는 바이다. 그렇지만 부모가 날마다 자식에게 지나친 효도를 강요하고 있다면 서로에게 슬픈 일이다. 부부간에도 서로 사랑하고 희생하는 당연한 일이지만, 자신의 의무는 등한시한 채 오직 상대에게 섬길 것만을 강요한다면 잘못된 일이다. 자신은 대접받는 게 당연하고 상대에게 베풀기를 강요하는 친구들도 있다. 이런 사람들은 교만과 이기심으로 가득 찬 나쁜 사람이다. 이들이 친구나 동료, 이웃 등 지연으로 맺어진 사이라면 빨리 떠나야 한다. 성경은 이들을 가리켜서 악한 사람이라고 규정하면서, 이런 사람에게서 벗어나는 것이 지혜로운 선택이라고 말하고 있다. 운동클럽이나 동호회에서 만났다면 그곳을 탈퇴하고, 학교나 사회 친구라면 전화를 받지 말고 모임에도 참석하지 말아야 한다. 이웃이라면 우연히 마주치면 인사는 하지만 굳이 찾아가서 아는 척은 말아야 할 것이다. 직장 동료나 같은 교회의 교인이라면 개인적인 만남을 삼가고 적당한 거리를 두는 것이 좋다. 대부분의 사람들은 자신을 대하는 상대방의 냉정한 태도를 알게 된다면 점차 멀어지게 될 것이다. 이들의 잘못된 성품이나 행위를 지적하고 변화를 기대할 필요는 없다. 차차 깨닫게 되겠지만, 어리석고 악한 자들은 선한 가르침을 호의적으로 받아들이지 않는다. 아마 화를 벌컥 내고 도리어 자신을 비난할 게 뻔하다. 이기적이고 교만한 사람들과 이미 관계를 맺었다면 빨리 정리해야 한다. 시간이 오래되고 사귐이 깊어지면 잘못된 줄 알면서도 벗어날 수 없는 수렁에 빠지기 때문이다.

• 만만하게 보이지 말라

알다시피, 요즘 학교에서는 왕따를 당하는 일들이 흔하다. 사실 필자가 어린 시절에도 말이 어눌하고 지적 능력이 모자라며 부모 없이 살거나 가난한 집안의 아이들을 놀림거리로 삼았던 일이 적지 않았다. 예전이나 요즘이나, 자신들보다 뒤처지는 아이들을 못살게 구는 나쁜 버릇이 있나 보다. 왕따에서 벗어나려면 놀리는 아이들에게 확실하게 경고하거나 불이익을 주는 것이다. 악의적인 놀림에 대해 당당하고 결렬하게 항의한다면 자신을 놀리는 일들은 사라질 것이며, 만만치 않음을 느낀 아이들은 또다시 쉽고 만만한 다른 희생물을 찾아 나설 것이다.

자신에게 악의적인 행동을 일삼는 이들이 지연으로 맺은 사람들이라면 그들을 떠나면 되지만, 이들이 함께 살을 맞대고 사는 배우자나 가까운 가족이라면 삶이 악몽으로 변할 것이다. 홀쩍 떠나는 것은 또 다른 고통과 상처를 주기에, 어쩔 수 없이 같이 살고 있을 것이다. 사회적인 관계로 어쩔 수 없이 얼굴을 맞대야 하는 이들도 있다. 직장동료나 상사로서 맺어진 사람들이 좋은 예이다. 가족들은 대놓고 상처를 준다면 이들은 뒤에서 교묘하게 고통을 주는 것이 다르다. 그러지 않아야 할 교회에서조차 고통과 상처를 받는 일들이 흔하다. 교회를 떠나 버린다면 문제가 깨끗하게 해결되겠지만, 빈대를 잡기 위해 집을 태우는 격이 될지도 모르기에 끙끙 앓다가 문제가 더 커지는 경우도 많다. 우리에게 주어진 삶은 연습이 없다. 오직 한 번뿐인 인생이기에 다른 기회가 없을뿐더러, 맘에 들지 않는다고 반납하고 아무 일 없던 것처럼 다시 시작할 수도 없다. 이를 악

물고 고통을 감수하더라도 이들과의 관계를 개선하려고 노력해야 할 것
이다.

악의적이고 이기적인 사람들에게 당하지 않으려면 단단히 마음을 먹
어야 한다. 아무런 준비 없이 마음을 열어 주다가 충격을 받게 되면 괴로
움이 더 큰 법이다. 세상에는 좋은 사람과 나쁜 사람이 고루 섞여 있음을
인정해야 한다. 성품이 고약한 사람을 만나게 되면 빠르게 피하는 것이
상책이다. 어쩔 수 없이 마주쳐야 하거나 한 지붕 아래에 사는 가족이라
면 지혜롭게 대처해야 한다. 그중 가장 좋은 방법은 자신이 만만하지 않
게 보이는 것이다. 충격과 고통을 주는 이들도 아무 상대나 공격하는 것
이 아니라 쉽고 만만한 상대라고 여기는 이들을 골라 하는 것이다. 어렵
게 보이는 방법은 가급적 말을 아끼고 어느 정도 거리를 두는 것이다. 특
히 한 집에 같이 사는 가족이라면 이러한 태도는 아주 중요하다. 그렇지
만 갑자기 냉정하게 보이거나 쌀쌀하게 대하는 것은 상대를 자극하는 역
효과가 있다. 어쩔 수 없이 해야 할 말은 감정을 섞지 말고 건조하고 사무
적인 태도로 일관하며, 상대의 공격적인 말뿐만 아니라 조롱이나 냉소적
인 말에도 감정에 휩싸여 허점을 보이지 않도록 조심해야 한다. 상대방에
게 쉽게 보이지 않는다면 충격이나 상처를 받을 일도 그만큼 줄어든다.
물론 상대가 자신의 잘못을 뉘우치고 용서를 구한다면 따뜻하게 받아들
여야 하겠지만, 이들의 말이 아니라 오랫동안 행동을 지켜보며 확연한 변
화가 있을 때까지 마음까지 열어 주어서는 안 된다. 기대가 큰 만큼 실망
으로 돌아올 공산이 크기 때문이다.

• 한계를 정하고 엄격하게 원칙을 적용하라

어쩔 수 없이 이기적이고 악한 사람들과 관계를 맺고 살아야 한다면 가장 주의해야 할 태도가 미워하는 감정의 처리이다. 미워하고 증오하는 감정은 쉽게 증폭이 되며 후폭풍도 상당하기에 부정적인 마음을 잘 다스려야 한다. 미워하는 마음을 품고 상대를 대하게 되면 십중팔구 싸움으로 번지게 마련이다. 그래서 충격과 상처를 받고 오랫동안 고통을 받게 되지만, 시간이 지나면 이 사건의 교훈을 잊고 싸움을 반복하면서 불행한 삶으로 치닫게 되는 것이다. 상대가 배우자와 부모, 자녀와 같이 가까운 가족이라면 미워하는 감정의 포로가 되기 쉽다. 증오하는 감정이 마음에 오래 남아 있으면 사탄이 개입하여 소모적인 싸움을 부추기어 결국 가정이 깨지고 가족이 뿔뿔이 흩어지는 최악의 결과를 맺게 된다. 자신에게 상처를 주고 피해를 입히는 이들을 보면 화가 치밀고 감정을 억제하기 힘들지만, 힘들 때일수록 간절한 기도로써 성령의 도움을 요청하며 절제와 인내의 경주를 해야 할 것이다. 그러면서 상대의 요구를 일관성 없이 받아들이지 말고, 자신이 받아들일 수 있는 한계를 정하고 그 원칙을 일관성 있게 적용해야 한다.

필자의 지인 중에 오토바이를 사 달라고 떼쓰는 고등학생 아들이 있었다. 그 아들은 희생적인 모성애를 최대한 악용하여 자신이 원하는 것을 거의 손에 넣었다. 그래서 오토바이를 안 사주면 학교에 가지 않겠다며 위협하고 결국 며칠째 학교에 가지 않고 무력시위를 벌이고 있었다. 그래서 필자는 절대로 아들의 요구에 응하지 말고 불가의 원칙을 지키라고 조언해 주었다. 그때까지는 아들의 위협과 공갈에 져서 끝내는 아들이 원하는 대로 무엇이든지 들어주었던 식이었다. 그랬더니 아들은 가출을 하겠다며 초강수를 두었다. 그래서 필자는 나가면 호적에서 아주 없애겠다고 강하게 나가라고 했다. 결론적으로 그 아들은 출석 일수의 부족으로 한 해 유급을 하는 고통이 있었지만, 아픔을 딛고 고등학교를 졸업하고 늦게나마 대학에 진학했다. 후에 필자가 다시 본 그 아들은 일찍 군대에 가서 철이 들어 돌아오겠다며 씩 웃었다. 또 한 예를 들어보자. 알코올 중독자로 술만 마시면 며칠째 술독에 빠져서 가족들을 들볶는 남편이 있었다. 알코올중독자는 대부분 회복이 어렵다. 이 남편도 정신병원에 들락거리면서 최악의 상태에 빠졌다. 그렇지만 술을 안 마시는 날이면 좋은 남편으로 돌아오기에 그의 아내는 고민이 깊었다. 십 년이 넘도록 수렁에 빠진 채 고통으로 신음하고 있었다. 그래서 필자는 부부 사이에 명확한 선을 그으라고 말해 주었다. 그 이후로는 필요한 말 이외에는 대화도 하지 않고 식사 준비도 해 주지 않았다. 그런지 벌써 이 년이 훌쩍 넘었다. 같은 집에 살면서 별거하는 셈이다. 물론 그 과정에서 위험한 순간도 적지 않았다. 그렇지만 최근에 만난 남편은 조건 없이 이혼을 하든지 아니면 술을 끊고 교회에 나가야겠다는 결심을 내게 들려주었다. 물론 그가 어떤 결심을 실행에 옮기게 될지 모른다. 그렇지만 분명한 것은, 지금은 술을 마셔도 아내를 들볶지 않는다는 것이고, 술을 마시지 않는 날에는 열심히 돈을 벌어서 아내가 돌보지 않는 자신의 의식주를 스스로 해결하고 있다는 것이다. 앞으로 삶이 극도로 불편해지고 자신에게 극도의 실망감을 느낀다면 기존의 잘못된 행위를 반복하지 않을 것만은 분명하다.

위의 사례에서 보는 것처럼, 가까운 가족이 자신의 삶에 불행의 빌미를 제공하는 행위에 대한 해결책은 무척이나 어렵다. 소모적인 싸움과 갈등, 미움과 증오가 가득 찬 쓰레기 같은 마음, 허망하고 고통스러운 삶에 대한 무력감으로 인해 우울증, 불면증, 자살 충동, 공황장애 등의 마음의 병이 깊어간다. 필자가 제시한 방법이 언제나 최상의 결과를 맺는 것은 아니다. 그렇지만 최소한 불행한 삶으로 미끄러지는 것을 방지할 수는 있다. 적어도 다른 사람으로 인한 고통과 충격을 어느 정도 막아낼 수 있다. 그렇게 하려면 먼저 자신의 행동을 훈련시키고 마음을 다스리는 법을 배워야 한다. 이기적이고 악의적인 이들의 행동에 대해 자신이 받아들일 수 있는 한계를 정해 놓고, 그 한계를 벗어나는 행위에 대해 경고하고 원칙대로 일관성 있게 원칙을 적용하는 것이다. 그렇게 한다면 최소한 자신의 삶이 최악의 불행으로 치닫는 것은 미리 막을 수 있을 것이다. 언젠가 상대방이 자신의 잘못을 철저하게 반성하고 간절한 기도를 하나님이 들어주신다면 예전의 행복했던 삶으로 회복될지 누가 알겠는가?

4) 영적인 사람들과 사귀라

한자성어로 '근묵자흑 근적자적(近墨者黑 近朱者赤)'이란 말이 있다. 먹을 가까이하면 검은 물이 들고, 붉은색을 가까이하는 사람은 붉어지게 된다는 뜻이다. 사람은 환경의 지배를 받는다. 좋은 환경에서 자란 사람은 온화하고 이타적인 성품의 소유자가 되기 쉽지만, 거칠고 가혹한 환경에서 자란 사람은 조급하고 이기적인 성격이 되기에 십상이다. 어린 시절을 보낸 환경은 스스로 바꿀 수 없지만 지금의 환경은 스스로 선택할 수 있는 여지가 있다. 그중에서 좋은 사람들을 이웃으로 선택하는 몫은 자신에게 있다. 당신의 주변에 만나는 사람들이 어떤 사람들인가? 소박한 영혼에서 뿜어 나오는 평안과 기쁨을 나눠주는 인물인가, 아니면 탐욕과 방탕으로 물든 사람들인가? 자신이 그런 영혼을 지닌 인물이 되어 다른 사람에게 따뜻한 영향을 주고 있다면 더없이 좋은 일이겠지만, 그렇지 못하더라도 평안하고 기쁨을 주는 이들과 삶을 함께 나누며 건강한 자양분을 얻고 있어도 즐겁고 행복한 일임이 틀림없다.

• 세상에는 육(肉)적인 사람과 영(靈)적인 사람들이 있다

세상에는 두 부류의 사람들이 있다. 하나는 영적인 사람이고 다른 하나는 육적인 사람이다. 육적인 사람은 세상과 세상의 것을 사랑하는 보통 사람들을 일컫는 말이다. 몇 해 전에, 그토록 경탄하며 노블리스 오블리주로 칭송해 마지않았던 미국의 월가에서 터진 사건들이 생각난다. 부와 성공의 상징으로 불리던 그곳은 핵폭탄급의 금융위기를 일으켜 전 세계에게 끌어모은 투자가들의 돈은 반 토막이 되었으며, 벌린 입을 다물지 못하고 있는 와중에 터진 메이도프 금융 다단계 사기 사건으로 벌집을 쑤셔놓은 듯하다. 우리가 그동안 선망해 왔던 월스트리트의 가면을 벗겨내니 탐욕과 부패의 온상이었던 것이 고스란히 드러난 셈이다. 자본주의를 대표하는 곳에서 이러한 모습을 보니 씁쓸하다. 물론 자본주의 자체가 그렇다기보다 부와 성공을 좇는 이들이 너나없이 육적인 사람이라는 것을 분명하게 밝혀준 것이다. 기회가 없어서 그렇지, 세상을 사는 보통의 사람들조차 일확천금을 앞에 두면 불의와 불법을 가리지 않으리라는 것을 우리는 그동안의 인생 경험을 통해 잘 알고 있다.

그렇다면 영적인 사람들은 누구인가? 성경에는 경건한 모습으로 하나님의 거룩하고 깨끗한 성품을 좇아 사는 이들이라고 정의한다. 이들은 육적인 사람들이 보여주는 탐욕과 부패를 좇는 모습이 아니라 절제와 자족을 드러내며 사랑과 자비를 실천하는 이들이다. 영적인 사람들은 견고한 믿음을 갖고 있는 이들이 대부분이다. 그렇지만 어쩔 수 없이 연약한 의지와 부족한 성품을 지닌 인간으로 타고났기에 절대자에 대한 믿음과 영적 훈련을 통해 부족한 부분을 보충하여야 하기 때문이다. 기독교를 포함해서 어느 종교에서나 순수하고 열정적인 믿음으로 치열한 신앙 행위에 매진하는 이들이 있다. 진리가 어디에 있느냐에 관계없이 그들은 모두 영적인 인물들임이 틀림없다. 영적인 것에 지대한 관심이 있기 때문에 세상의 쾌락과 탐욕을 내려놓고 영원한 생명을 향해 삶을 불태우고 있지 않은가? 그렇지만 종교를 가지고 있다고 해도 다 영적인 사람들은 아니다. 비록 종교는 없지만 주변에는 우리가 추구하는 영적인 삶의 모습을 보여주는 이들도 적지 않다. 언젠가 그들이 진리를 받아들일 때, 나중 된 자들이 먼저 되고 먼저 된 자로서 나중 된다는 예수님의 말씀이 실감 나게 될 것이다. (마 20:16)

• 교회 안에도 세 부류의 사람들이 있다

어릴 적, 부른 동요 중에 '빨간 우산, 파란 우산, 찢어진 우산'을 재미있게 묘사한 노래를 즐겁게 불렀던 추억이 생각난다. 비가 내리는 등굣길에 서로 어깨를 부딪치며 걸어가는 모습이 정겹다. 이렇게 나란히 노래를 부르며 가는 장소가 학교가 아니라 교회라는 생각이 문득 들어선다. 세상뿐만 아니라 교회 안에도 저마다 색깔이 다른 우산처럼 세 부류의 사람들이 있기에 말이다.

첫 번째 부류는 세속적인 사람이다. 세속적인 이들은 교회에 와서 하나님을 섬기는 목적이 세상에서 잘 되고 축복받기를 원하는 사람들이다. 이들의 모습이 탐욕적이거나 세상적인 것만은 아니다. 대부분의 설교자들이 하나님을 믿으면 현세의 축복을 약속하고 있으니 이들의 믿음이 잘못된 탓만도 아니다. 세상에서도 잘되고 천국에도 갈 수 있으니 이보다 더 좋은 일은 없을 것이다. 이들의 교회에 온 목적이 자신과 가족의 성공과 건강, 부를 얻기 위해서이기에, 현세적인 축복과 하나님의 뜻 중에서 우선해서 선택하라면 이들의 고민은 깊어진다. 우선순위가 정해져 있는 일에 성경의 하나님의 뜻을 따르기보다 적당한 신앙 행위로 대신하며 자신의 욕심과 즐거움을 좇는 일을 마다하지 않는다. 이들이 믿는 신앙생활을 통해 자신이 원하는 목적을 달성하지 못한다면 언제든지 교회를 떠날 생각이 적지 않으며, 그렇지 않더라도 형식적인 신앙 행위로 일관하며 천국 보험을 들었다고 자부하며 위안을 삼는다. 물론 이들의 생각이 세속적인 지도자들이나 기복신앙을 추구하는 삯꾼목자들의 가르침에 따른 것일 게다. 세속적인 신앙생활을 하는 이들은 감정적인 느낌이나 신비적이며 은사주의 신앙관으로 치우쳐 삶에 기복이 심하고 신앙이 안정적이지 못하다.

두 번째 부류의 사람들은 종교적인 사람들이다. 크리스천이라면 당연히 종교적이 되어야 하지 않을까? 필자가 말하는 종교적인 사람들은 하나님의 뜻보다 희생적인 신앙 행위를 앞세우는 사람을 말한다. 그 예로 바리새인들과 서기관 같은 이들이다. 이들은 그 당시 유대교에 관심이 없는 일반 사람들과 비교해서 종교 엘리트 정신으로 자부심이 대단하였으며 자신들의 신앙심을 드러내 보이는 것을 즐겼다. 그들은 철저한 안식일, 하루 3번의 기도 생활, 꼼꼼한 십일조 생활은 기본이었으며 360여 가지의 율법은 철저하게 지켰다. 그렇지만 예수님은 이들을 혹독하게 책망하였으며 이들의 의를 넘어서지 못한다면 천국에 들어갈 수 없다고 경고하였다. 그들은 희생적인 신앙 행위에는 열심이었지만 정작 중요한 거룩한 성품, 종교적인 동기나 내면의 세계가 하나님의 뜻과 달랐다. 말하자면 종교적인 행위를 통해 사람들에게 보이고 칭찬을 받고 자부심을 얻는 수단으로 이용하였던 것이다. 즉 신앙행위의 목적이 하나님의 뜻을 이루는 것이 아니라 희생적인 신앙 행위 자체를 하나님이 기뻐하시는 것이라고 잘못 알고 있었다. 이들의 모습은 현재 우리의 주변에서 찾아보는 것은 어렵지 않다. 새벽기도, 주일성수, 십일조 등의 희생적인 신앙 행위를 잘 하고 있다면 천국의 자격은 물론이고 하나님이 기뻐하시는 자녀라는 믿음을 철석같이 믿고 있다.

마지막 부류의 사람은 영적인 사람이다. 영적인 사람은 누구나 소원하는 부류의 사람이지만 교회에서조차 만나기 어렵다. 영적인 사람은 하나님의 뜻에 대한 깊은 깨달음으로 지혜와 명철, 통찰력과 분별력이 번득이고 있으며 하나님과 동행하는 삶을 통해 평안과 형통함을 누리고 있다. 또한 이들은 하나님으로부터 나오는 놀라운 능력의 소유자였다. 성경의 위인들이 모두 여기에 속한다. 영적인 사람들과 종교적인 사람들은 겉모습은 비슷하지만 내면의 모습과 내적인 능력이 다르다. 즉 종교적인 사람들은 경건의 모습만 보일 뿐이지만 영적인 사람들은 경건의 능력을 보유하고 있음이 다르다. 예수님은 겨자씨만 한 작은 믿음이라도 놀라운 능력을 소유할 것이라고 말하고 있지만 우리에게 이러한 능력이 없음은 종교적인 모습만 따라할 뿐 영적인 능력이 없기 때문이다. 영적인 사람들은 희생적인 신앙 행위에 그치는 것이 아니라 하나님의 뜻을 깨닫고 삶에 적용하는 사람들이다. 이들은 교회에서 정한 기도 시간에 만족하지 않고 늘 쉬지 않고 기도를 하며, 성경을 읽는 것에 그치는 것이 아니라 하나님의 뜻을 깨닫는다. 교회의 예배에 참석하기보다 일상의 삶에서 살아있는 제물의 삶을 살아가기에 성령이 내주하는 증거인 따뜻하고 깨끗한 성품의 변화를 보여준다. 이는 깊고 친밀한 하나님과의 교제를 통해 동행하는 삶을 보여주는 모습이기도 하다. 이처럼 교회에도 세 부류의 사람들이 있다. 세속적인 사람이나 종교적인 사람, 영적인 사람들의 차이는 겉으로는 구별되지 않는다. 교회직책의 무거움이나 연륜의 차이로도 결정되지 않는다. 영적인 사람은 내면의 깊이나 신령한 지혜를 통한 평안하고 형통한 삶으로 이를 드러낸다.

• 왜 영적인 사람을 만나야 하는가?

세속적인 사람들의 특징은 끝없는 탐욕을 보이기에 너무 피곤하다. 그들의 관심은 오직 세상에서 잘되고 성공하며 부유하게 사는 것이다. 그래서 대화 주제도 늘 부동산과 재테크, 고수입의 직업과 직장 등 돈과 밀접한 관련이 있다. 그래서 부유한 이들은 다른 사람의 수입에 지대한 관심을 보이며 가난한 사람들을 경멸하기에 그들의 모임에 끼워주지 않는다.

또한 그들은 돈을 버는 일뿐 아니라 돈을 소비하는 일에도 관심이 대단하다. 입고 있는 옷이나 신발, 핸드백 등이 유명 브랜드이거나 명품을 선호한다. 먹고 마시는 식품도 유기농이거나 값비싼 브랜드를 백화점에서 구입하기를 즐긴다. 말하자면 엄청난 돈으로 라이프 스타일을 채우고 있는 셈이다. 이들은 사람들을 만나면 언제나 자기 자랑과 과시욕이 넘쳐 주위 사람들을 불편하고 주눅이 들게 한다. 그래서 이들과 함께 있으면 신경이 날카로워지며 피곤해지기 일쑤이다. 그래서 이들과 어울리면 어딘지 모르게 불안해지며 영혼이 불편하다. 그래서 같이 있으면 있을수록 이들을 닮아 점점 탐욕스러워지고 세속화되기에 기쁨이 사라지고 마음이 공허해지기 마련이다.

종교적인 사람들을 만나도 마음이 팍팍하고 공허하기는 마찬가지이다. 종교적인 사람들과 세속적인 사람들의 공통점은 과시하고 자랑하는 것을 즐기는 것이다. 이들은 은근히 자신의 희생적인 신앙 행위를 알아주기를 원한다. 이들의 대화 내용은 하나님과 만나는 영혼의 기쁨을 말하는 게 아니라 자신이 행하는 희생적인 신앙 행위를 과시하는 것에 열을 올리기 일쑤이다. 전도한 사람의 인원, 금식기도의 일수, 새벽기도나 철야기도, 십일조나 헌금행위, 공적 예배 등 그간의 신앙 행위를 침을 튀기며 말하곤 한다. 이들을 보면 세리 옆에서 기도하며 희생적인 신앙 행위를 나열하기에 바쁜 바리새인이 생각난다. (눅 18:10~12) 이들은 자신의 열정적인 신앙 행위를 알아주기를 바라지면 그들과 같이 있으면 영적으로 피곤하기 이를 데 없다. 겸손하고 온유한 사람은 주위 사람들에게 힘이 되어 몰려들게 하지만, 교만하고 자기자랑하기에 바쁜 사람은 모인 사람들도 도망치게 만든다.

그렇지만 영적인 사람들은 만나는 사람들의 영혼을 즐겁게 해준다. 영적인 사람들은 대부분 희생적인 신앙 행위를 하고 있더라도 그 행위가 아니라 열매에 대해서 말하기를 즐긴다. 그래서 하나님을 만나서 얻는 기쁨과 평안, 위로를 나누고 감사와 찬양이 입에서 떠나지 않는다. 그렇지만 이런 사람들은 참 드물다. 필자는 목사이기에 다양한 교회의 직책과 신분은 물론이고 신앙의 연륜이 적지 않은 사람들은 많이 만났지만, 영적인 사람들을 보는 것은 쉽지 않았다. 인사를 나누기 무섭게 교회나 교단의 비리나 크리스천의 잘못된 행동에 열을 올리는 이들도 있었고, 자신이 다니는 교회의 아름답고 웅장한 건물과 엄청난 교인의 숫자, 목회자의 세련된 설교, 동료 교인의 고상한 직업이나 대단한 신분을 자랑하는 교인도 있었지만, 정작 날마다 하나님과 동행하는 즐거운 체험을 생생하게 간증하는 이들은 찾기 어려웠다. 필자가 만났던 이들이 영적인 사람들이 아니었기 때문이다. 필자가 영적인 사람을 만나야 하는 이유는 신앙 성장 등의 특별한 목적이 있어서가 아니다. 그들을 만나면 영혼의 에너지가 샘솟고 삶이 기쁘고 행복함으로 가득 채워지기 때문이다. 어둡고 부정적인 마음이 오래 지속되면 될수록 시간이 지나도 잘 회복되지 않는다. 그럴 때는 만사를 제쳐놓고 이들을 만나 영적인 에너지를 받는 것이 어두운 마음을 회복시키는데 탁월한 방법이다. 그래서 필자는 틈만 나면 시간과 돈을 들여서라도 이들을 만나기를 즐긴다. 힘들고 고된 세상일에 정신없이 바쁘다 보면 영적 에너지가 고갈되고 마음이 어두워지지 일쑤이다. 물론 기도하고 성경을 읽으면서 성령의 능력을 얻으면 되겠지만, 어떨 때는 기도

하는 것조차 힘든 날도 많다. 그럴 때는 영적인 에너지를 내뿜는 정겨운 이웃들을 찾아가는 것이다. 이들을 가까이 두고 있으면 보험을 많이 들거나 막대한 재산을 가진 것보다 더욱 든든하다. 평생 이들과 친분을 나누고 영적인 교감을 교환하며 살아간다면, 수시로 어려움과 시련이 들이닥치는 험악한 인생길에 든든한 후원자와 동행하는 삶이 아닐까?

5장

쉼 없는 인생

욕심을 주인으로 섬긴다

어릴 적부터 부모님에게 가장 많이 들었던 말은 '공부해라'이다. 공부를 잘해서 명문대학에 입학하기를 원하는 부모님의 욕심에서 시작된 동기는 자연스레 자녀에게도 전염이 된다. 내신 1등급과 수능 고득점을 위해서는 부정행위도 마다하지 않으며 촌지는 기본이고 돈을 주고 이름 없는 경시대회의 상을 사기도 한다. 대학을 졸업하면 높은 연봉을 주는 대기업과 정년이 보장된 공무원 등의 직장에 욕심이 생긴다. 그래서 원하는 수입을 주지 않는 중소기업은 쳐다보지도 않을뿐더러 설령 입사하여도 이내 더 좋은 직장으로 옮겨간다. 청년실업자의 대부분이 들어갈 수 있는 직장이 없어서라기보다 자신이 원하는 수입을 보장해 주지 않기 때문에 처음부터 들어갈 생각이 없다. 직장에 들어가서도 끝없는 승진 욕심을 만족시키기를 원하며, 결혼 배우자도 고소득의 직업을 최우선으로 내세운다. 결혼하자마자 크고 넓은 집을 구입하기 위해 엄청난 대출을 마다하지 않으며 한방에 큰돈을 벌 수 있는 재테크를 위해 불법과 불의한 방법도 예사로 여긴다. 게다가 틈틈이 로또 복권을 구입하여 대박을 꿈꾸며, 경마와 경륜 등의 도박과 심지어는 성인오락실이나 성인 PC방의 도박 게임에 밤을 새운다. 여자들도 백화점이나 할인점에서 경품이 걸려 있거나 특별 할인이 붙어 있으면 사고 싶은 충동에 못 이겨 욕심을 주체하지 못하고 신용카드를 꺼내 들며, 명품을 걸치기 위해 수개월 치 월급을 몽땅 지불하기도 한다. 자녀들의 명문대학 합격을 위해 수입의 절반이 넘는 금액을 사교육비로 지불하며 자녀 해외 유학을 위해 기러기 부부가 되는 일은 특별한 일이 아니다. 죽을 날까지 평생 모은 재산을 움켜쥐고 있다가 세상을 뜨는 노인들도 적지 않다. 이렇게 평생을 자신의 욕심에 이끌려 살다가 이 땅을 떠나는 것이 세상 사람들의 일반적인 모습이다.

• 본능과 탐욕의 경계

많은 적든 간에 욕심 없는 사람은 없다. 소유를 늘리며 안위를 보장받고 행복을 즐기고 싶지 않은 사람은 없기에 말이다. 그래서 누구나 욕심을 가지고 있다. 이러한 마음은 본능에서 기인하며 나쁜 것만은 아니다. 배우자를 부양하며 자녀가 잘되기를 바라는 욕심이 없다면 악한 가장에 무책임하고 방탕한 부모가 되었을 것이며, 노후를 생계 걱정 없이 평안하게 보내고 싶은 욕심이 없다면 허리띠를 졸라매고 저축할 필요도 없다. 장밋빛 미래에 대한 꿈이 없다면 밤잠을 설쳐가며 공부하는 학생도 없을 것이고, 넓고 안락한 아파트에서 살고 싶은 소망이 없다면 욕망을 절제하며 휴가를 반납한 채 열심히 일하고 싶은 사람도 없을 것이다. 취약점이 적지 않은 자본주의 경제체제가 이미 역사의 뒤안길로 사라진 공산주의보다 우수한 점은 개인의 소유재산을 인정해 주었기에 더욱 열심히 일하고자 하는 동기를 부여해 주었다. 공산주의 경제관은 공동체를 이루어 협동으로 생산하여 똑같이 분배하려는 의도가 이론적으로는 좋았지만, 실제의 현장에서 욕심이 주는 힘을 간과하였기에 나태함을 조장하여 비효율적으로 되었다. 내 것, 네 것이 없다 보면 힘들게 땀을 흘리고 고된 노동을 하고 싶어 하는 사람이 누가 있겠는가? 어쨌든 건강한 경쟁을 조장하며 분에 넘치지 않는 욕심은 풍성한 결과를 꿈꾸는 자에게 강한 노동 의욕을 고취시켜주고 열심히 일할 동기를 부여해 준다. 이러한 욕심은 잘살고 싶은 본능에서 나오기 때문이다.

그렇지만 세상의 모든 것이 정도에 지나치면 화가 되듯이, 욕심도 도에 벗어나면 심각한 문제를 가져온다. 아무리 맛있는 삼겹살도 적당히 먹어야지 맛있다고 계속 먹는다면 배탈이 날 것이다. 주식투자에서 개미들이 수익을 내지 못하는 현상은, 탐욕을 주체하지 못하여 주식이 오르면 적당한 선에서 팔아야 하는데 조금만, 조금만 더 하다가 팔 기회를 놓치는 경우가 허다하다. 아무리 수익 목표를 세우고 선을 그어 놓았다 하더라도 정작 때가 되면 결심대로 행하지 못한다. 욕심을 절제하는 것은 아주 어려운 일이기 때문이다. 신혼부부가 전세방에 살면서 꿈에 그리던 아파트를 장만하는 시기를 정하는 것도 마찬가지이다. 하루빨리 크고 넓은 집에 살고 싶기에 저축해 놓은 주택 자금이 턱없이 부족한 상태에서 무리하게 대출을 얻어 이사한다. 새집에 들어가면 그 집에 걸맞은 가구도 새로 들여놓고 싶어 씀씀이는 헤퍼지고 결국 빚은 늘어날 대로 늘어난다. 주택담

보대출은 상당수가 20년 이상의 오랜 기간이라 평생 이자를 갚느라 허리가 굽고 이마에 주름살이 깊어간다. 죽으면 가지고 가지도 못할 집 때문에 인생을 저당 잡힌 것이다. 그래도 이자를 꼬박꼬박 갚아 나간다면 그나마 낫겠지만 직장에서의 예기치 못한 해고나 자영업자의 경우에 예상치 못한 매출 감소로 이자를 제대로 못 내는 일이 발생한다면 집도 경매로 넘어가고 그동안 열심히 벌어 집에 투자했던 돈도 사라지고 만다. 무리한 욕심이 지울 수 없는 인생의 그늘을 만든 것이다.

그렇다면 욕심과 탐욕의 경계는 어디쯤일까? 이를 정하는 일은 쉬운 일이 아닐 것이다. 아니 정했다 하더라도 이를 실천하는 일도 만만치 않다. 건강한 욕심과 지나친 탐욕은 사람마다 기준이 다르고 처한 환경과 상황에 따라 다를 것이다. 월급이 100만 원에 불과한 직장인이 중형 자가용을 소유하는 것은 탐욕이겠지만, 대기업 사장이 대형차를 타고 다니는 것은 정상적인 행위일 것이다. 어느 대기업 사장은 소형차를 자가용으로 타고 다닌다고 신문에 난 일도 있다. 이는 아주 예외적이며 겸손한 예일 것이다. 소유할 재력이 있어 마음대로 구입하더라도 탐욕으로 가득 찬 사람일수도 있다. 이처럼 지나친 욕심과 탐욕을 정하는 일은 일정한 잣대로 규정할 수 없는 일이다. 그것은 마음에서 비롯된 일이기 때문이다. 겉으로 드러난 현상보다 마음의 동기나 삶의 태도에 따라 가려지는 것이다. 크리스천은 이를 규정해 주는 잣대를 성경에 두고 있지만, 이 역시 삶에 적용하는 것이 어려운 것은 모든 것이 마음에 달려있는 일이기 때문이다.

• 지나친 욕심의 희생자들

성공을 일생의 목표로 삼은 가장을 둔 가족들은 대부분 희생자들이다. 그런 남편은 직장이나 사업장에 남보다 일찍 출근하여 늦게 퇴근하는 것은 기본이며, 툭하면 야근에 심지어는 휴일마저 반납하고 일한다. 게다가 출장이 잦으며 해외 출장으로 한 달에 집에 들어오는 일이 10일이 안 되는 경우도 있다. 본인은 회사에서 인정을 받아 빠른 승진을 보장받으며 노른자 같은 보직을 얻었겠고, 자영업자의 경우에는 회사가 커지고 매출이 늘어나 수익이 증대되어 돈을 많이 벌 것이다. 그렇지만 가정을 모르쇠 하는 남편을 둔 아내는 외롭게 살다 지쳐 우울증에 걸리기도 하며, 자녀들은 그런 아버지를 기대하지 않고 살아간다. 성공하는 남편이나 아버지의 뒤에는 단란하고 행복한 가정을 볼모로 남편 뒷바라지에 자신의 삶을 포기하고 어느덧 늙어버린 아내와, 인자하고 다정한 아버지 없이 성인으로 커 버린 자녀는 아버지를 가족사진에서 빼버린 지 오래다. 이들은 남편이나 아버지의 성공에 대한 지나친 욕심 때문에 인생의 절반을 가정이 없는 공황 상태로 보내버렸다.

부자가 되고 싶은 욕심이 없다면 현대인이 아닐 것이다. 그렇지만 지나친 부에 대한 욕심은 적지 않은 희생자를 낳는다. 지금은 법이 개정되어 쉽지 않은 일이지만, 아파트를 사서 이사하고 또 값이 오르면 팔기를 반복하는 부모님의 부동산 재테크 전략으로 인해 부모는 돈을 벌었을지 몰라도, 자녀는 학교 전학을 수십 차례 하느라 공부에 의욕도 잃고 친구도 사귀지 못해 급기야는 대인기피증에 걸리거나 비행 청소년이 되기 일쑤이다. 종잣돈을 만들고 목돈을 불리기 위해 지나친 절약과 저축으로 휴가는 물론 외식도 거의 없으며, 백화점은 차치하고 할인점도 세일기간에만 이용한다. 경품을 오려서 최대한 이용하거나 개업선물을 받기 위해 새벽부터 줄을 서서 몇 시간이나 기다리는 것도 마다하지 않는다. 구두쇠 같은 남편 때문에 아내는 동창들을 만나는 것을 포기하고 새 옷을 사는 것은 꿈도 꾸지 못하며, 용돈을 주지 않는 아버지 때문에 자녀는 친구조차 만나지 않고 방에 틀어박혀 나오지 않는다. 그렇게 보낸 세월을 희생해서 자신은 부자가 되었는지는 몰라도, 가족들을 끈끈하게 묶어주는 즐거운 여행도 없고, 가족 간에 선물을 주고받는 기쁨과 기억에 남을만한 추억도 없으며, 가끔씩 맛있는 곳을 찾는 즐거움도 없이 지낸다. 오로지 남들이 알아주는 부자가 되기 위해 이 세상에 태어난 사람들 같다. 그래서 늘그막에 꿈에 그리던 부자는 되었지만, 돈을 사용하는 법을 몰라 지키고 보관하다 이 세상을 떠나게 되는 당사자가 가장 불쌍한 희생자이다.

우리나라의 부모들은 자녀에 대한 유별난 교육열로 세계적으로 유명하다. 이제 겨우 걸음마를 떼기 시작할 무렵부터 영재 교육을 시키고, 유명 유치원은 기본이고 초등학교에 들어가면 방과 후에 영어, 태권도, 피아노, 미술, 컴퓨터 등의 각종 특기 교육으로 밤늦게야 귀가한다. 중고등학교 때의 사교육을 위해 수입의 절반 이상을 사용하는 것을 마다하지 않는다. 이렇게 대학에 입학해도 끝이 아니다. 허리가 휘는 등록금에 각종 자격증을 위한 학원비에 해외 유학은 기본이다. 이렇게 시키는 이유로 자녀가 세상에 뒤떨어지지 않도록 열심히 뒷바라지를 한다면 그나마 사정은 낫다. 속마음은 자녀가 명문대학을 졸업하고 대기업이나 고위공무원, 교수, 의사, 변호사 등의 고소득 직업을 갖고 부모의 가슴에 달린 빛나는 훈장이 되기를 원하는 것이다. 그래서 친구나 친척을 만나면 자식 자랑을 통해 성공한 인생을 살았다고 인정해 주기를 원한다. 예전에 미국 버지니아 공대의 참혹한 살인을 저지른 조승희의 부모도 평소에는 말이 없고 일밖에 모르는 사람이지만 자식 얘기만 나오면 눈이 반짝였다고 한다. 오직 자식이 미국에서 명문대학에 들어가고 백인 사회에서 번듯한 직장을 갖는 것이 자신들의 인생 목표라고 생각했음이다. 그래서 부모는 비싼 학비를 내기 위해 일벌레가 되었으며 자식은 오직 공부밖에 모르는 사람이 되기를 원했을 것이다. 비단 이것은 이들만의 이야기가 아니다. 대한민국의 부모들은 정도에 따라 다르지 이들의 속내와 별 차이가 없다. 자녀가 공부벌레와 시험기계가 되기를 원할 뿐이다. 좋은 인성도 개성이나 취미, 적성, 장래 희망도 이들에게는 높은 성적을 방해하는 귀찮은 대상이다. 그래서 이러한 부모를 둔 자녀들은 시험 잘 치루는 기계가 되기 위해 새벽 한시가 넘어서야 학원에서 집으로 돌아오며 다음 날 수업을 위해 잠이 덜 깬 채 짐짝처럼 실려 학교에 등교한다. 부모의 지나친 교육열에 가장 불쌍한 희생자가 된 것이다.

어디 이뿐이랴? 비싼 최고급 SUV를 대출을 내어 사서 날마다 광내고 세차하고 튜업하는 일로 가진 돈과 시간의 대부분을 보내는 젊은이도 있다. 만일 누가 차를 긁기라도 했다면 전쟁을 선포한 것처럼 여기며 목숨을 걸고 달려든다. 이 사람은 자신이 가진 차를 사람들이 보아주는 것만이 인생의 전부인 것처럼 안다. 50평짜리 아파트에 살기 위해 평생을 일만 하는 부부도 있으며, 탄력 있고 매끈한 몸매와 예쁜 외모를 위해 월급봉투

전부도 모자라 대출을 받아 밀어넣는 아가씨도 있다. 우람한 체격을 위해 틈만 만나면 헬스클럽에서 청춘을 보내는 청년도 있다. 세월이 지나면 늙고 병들 몸을 위해 귀한 돈과 아까운 시간을 허비하는 이들은 자기 자신이 외모의 희생자인 줄 모른다. 남들이 보아주기를 바라는 헛된 욕심 때문에 아까운 시간과 돈, 소중한 기회를 버리는 이들은 한 번뿐인 인생의 최대의 희생자인 것이다.

• 돈이면 다 된다는 생각을 버려라

사람들이 욕심을 내는 대상은 조금씩 다르지만 대체로 돈에 초점이 맞추어져 있다. 대기업이나 공무원, 의사나 변호사를 희망하는 대학 졸업생은 성취감이나 적성보다는 돈을 잘 번다는 이유 때문이다. 결혼배우자도 인성이나 사랑에 앞서 고소득 직업이면 다른 것은 별문제가 안 된다. 강남 제비족들의 주요한 무기는 꽃미남의 멋진 외모가 아니라 외제 고급 자동차이다. 이 차의 열쇠를 가지고 있으면 허영심에 들뜬 여자들의 선망의 대상이 된다. 겉으로는 관심이 없는 것처럼 보이지만 결국에는 이들의 제안을 거절하지 않는다. 성형외과는 전문의 중에도 돈 잘 버는 직종으로 알려져 있다. 유명 탤런트나 배우의 외모와 똑같이 바꾸고 싶어 하는 여자들이 줄을 서기 때문이다. 겉으로는 인정하지 않겠지만, 예쁜 외모에 올인을 하는 속내는 예쁘게 보여 조건 좋은 남자들의 선택을 받고 싶은 욕망이 주요한 부분을 차지하고 있을 게다. 그래서 부유한 집안에 시집가서 평생 소유욕을 만족시키며 살 것을 꿈꾼다. 그래서 서울 강남에 아파트를 가지고 있는 총각은 결혼 대상 1순위라고 한다. 크고 비싼 아파트를 소유하는 것이 삶의 전부인 것처럼 아는 이들에게는 부동산 시세나 프리미엄 등의 단어가 머릿속을 떠나지 않는다. 친구들이나 이웃들과 모여 앉으면 대화의 주제는 재테크이고 주식이며 부동산, 아파트이다. 자녀가 우등생으로 명문대학에 진학하려면 고액 과외를 시키든가 유명한 논술 학원에서 공부만 시키면 된다고 믿는 이들도 적지 않다. 대학생 자녀의 단기 해외 연수를 위해 돈이 없다면 대출을 얻어서라도 보내야 한다고 생각한다.

> 또 어떤 이는 가시떨기에 뿌려진 자니 이들은 말씀을 듣기는 하되 세상의 염려와 재리의 유혹과 기타 욕심이 들어와 말씀을 막아 결실치 못하게 되는 자요(막 4:18~19)

머릿속에 온통 돈에 대한 욕심으로 가득 찬 이들에게 돈과 상관없는 하나님의 말씀이 자랄 수가 없다. 아마 성경 말씀 중에도 부자가 되는 비결이나 축복에 대한 구절이 있다면 귀를 모으고 눈을 반짝였을 것이 분명하다. 그렇지만 실망스럽게도(?), 성경은 돈에 대한 욕심이나 돈의 유혹에 이끌리는 자는 하나님과 반대편에 서 있다고 말한다. 돈으로 쾌락을 얻고 사람들의 부러움을 받으며 소유욕을 만족시킬 수는 있지만, 이것이 하나님이 주시는 평안한 삶으로 연결되지 않는다. 그보다도 하나님은 가난한 자들을 불쌍히 여기시고 이들을 축복하기를 원하시며 이들이 처한 문제의 해결에 더 관심을 가지고 계신다. 그렇지만 하나님이 돈을 싫어하신다는 정황은 성경 어디에도 없다. 성경에는 돈이나 그 책임에 대한 구절이 2,300여 구절이 나오며, 거기서 예수님의 비유 38개 중의 16개가 돈에 대한 비유이다. 이처럼 하나님은 돈에 대한 관심이 지대하다. 왜냐하면 사람들의 마음이 돈에 쏠려있는 것을 잘 알고 계시기 때문이다. 하나님은 다른 금욕적인 종교의 신처럼 돈을 돌처럼 여기고 소유를 버리라고 하기 이전에, 돈이 사람들의 삶에 엄청난 영향을 끼치는 것을 알고 계시기에 이에 대한 하나님의 뜻과 지혜로운 태도를 자세히 알려주신다.

결국 돈은 우리의 삶에 필요하고 적절한 관심을 두되, 돈이 삶의 전부인 것처럼 살려는 생각을 버려야 한다. 하나님의 뜻은 당신의 자녀인 우리가 생계에 필요한 돈을 얻기 위한 경제 환경을 조성해 주시고 건강한 노동을 통해 돈을 얻기 원하신다. 물론 하나님은 언제나 필요한 것보다 넘치도록 부어 주신다. 그렇지만 필요해서가 아니라 필요 이상의 소유욕을 만족시키고 다른 사람에게 자랑하려고 하는 탐욕적인 행위는 싫어하신다. 물론 하나님의 뜻과 상관없이 세상의 법칙에 따라 자신의 노력에 의해 부자가 될 수도 있고 엄청난 소유를 누릴 수도 있다. 그렇지만 이는 욕심을 충족시키고 감각을 만족시킬 뿐 마음 깊은 곳에서 우러나오는 평안이나 주어진 환경이나 상황과 상관없이 느껴지는 만족함은 없다. 세상이 주는 평안은 일시적이고 감정적이어서 곧 불안과 허망함, 조급함으로 바뀔 것이며 또다시 새로운 욕망을 만족시켜야 하는 노예와 같은 삶을 줄기차게 요청하는 욕심 많은 주인이다.

삶에 쉼이 없다

고단하고 팍팍한 인생을 살아가다 보면 지치고 힘에 겨워 주저앉고 싶을 때가 있다. 그럴 때마다 새 힘을 주고 다시 일어날 용기를 주는 것이 무엇이었는가를 생각해보라. 새벽부터 밤늦게 공부하던 학창 시절은 쉬는 시간이 유일한 위안이었고 월요일부터 학교를 쉬는 일요일을 손꼽아 기다렸으며, 군대 시절의 고된 훈련 시간에는 5분간 휴식이 꿀맛 같은 시간이었다. 게다가 졸병이 첫 휴가를 기다리는 애타는 심정은 겪어보지 않은 사람은 상상조차 하지 못한다. 고된 평일의 노동에서 해방된 일요일 오전에 아침까지 거르며 꿀맛 같은 늦잠을 즐기는 이들이 얼마나 많은가? 무더운 찜통더위가 푹푹 찌는 한여름에 시작되는 휴가철은 온 가족이 휴가 계획을 짜느라 여념이 없다. 밤이 새도록 인터넷을 뒤지며 잡지의 관광명소를 도배하다시피 펼쳐놓는다. 다녀오면 휴가가 쉬는 것이 아니라 고생의 연속이고 바가지요금에 짜증과 한숨뿐인 시간이었지만 그래도 그다음 해에 휴가철이 다시 다가오면 또 가슴이 설렌다. 올해는 어디로 가서 신나고 즐거운 휴가를 보낼지를 상상한다. 아! 고달픈 인생에서 휴가가 없다면 무슨 맛으로 살 것인가?

이와는 대조적으로 휴가도 휴식도 잊고 지내는 이들도 있다. 시장에서 점포를 운영하거나 식당, 부동산, 슈퍼, 치킨집 등 주변 상가를 살펴보라. 설날이나 추석 명절 딱 하루만 쉬는 사람도 있으며, 명절날조차도 오후에는 문을 연다고 써 붙여 놓은 사람들도 있다. 24시간 하는 편의점은 그렇다 치더라도 밤새워 영업하는 식당도 적지 않다. 교회에서는 주일성수를 엄격하게 요구하며 신앙심을 재는 잣대로 사용하고 있음에도 불구하고 주일 오전 예배를 마치고 돌아와서 부리나케 다시 가게 문을 여는 이들도 있다. 주일이 안식일처럼 율법의 조문으로서의 하나님의 명령은 아니지만 돈과 하나님 둘 다를 놓치고 싶지 않아서 일 것이다. 그래도 직장에 다니는 이들은 일주일 중 하루를 쉬는 것을 보장받으며, 공무원이나 금융기관, 대기업 등 번듯한 직장에서는 주5일 근무로 이틀을 쉬는 것이 보편화되어 가고 있다. 그렇지만 이들도 휴식하기보다 업무의 연속인 경우가 허다하다. 좋은 회사에서는 해고의 두려움과 더불어 자리를 보전하며 승진의 경쟁이 치열하다. 그래서 퇴근 시간이 지났음에도 야근이나 잔업을 당연히 여기며 휴일에도 회사에 나와서 사장이나 상사에게 은근히 충성심을 보여주고 싶어 한다. 회사에 나오지 않더라도 외국어 능력과 승진을 보장받는 업무 관련 자격증이나 학위를 위해 학원이나 대학원에 다니며 과제를 하고 시험을 준비하느라 쉴 틈이 없다. 그래도 건강을 위해 운동에 여념인 이들은 사정이 좀 더 낫다. 그렇지만 적당한 운동이 아니라 운동중독증에 걸린 이들도 있다. 평일에도 운동을 하지 않으면 좀이 쑤셔서 심한 운동의 후유증으로 인해 무릎이나 허리가 아파도 이를 참고 운동을 해야 직성이 풀린다. 휴일에는 학교 운동장, 테니스장이나 배드민턴 코트, 혹은 등산하느라 산에서 온종일 지내는 이들도 있다. 운동이 끝나거나 산에서 내려오면 동호인들과 어울려 곧장 술집에 직행해서 거나하게 취해서야 밤늦게 집에 들어간다. 필자도 낚시를 좋아하지만 밤새워 하는 일은 없었다. 밤새우고 나면 피곤해서 다음날은 온종일 아무것도 못하고 자야 한다. 그렇지만 대부분의 낚시꾼들은 밤새우는 것은 기본이다. 물고기는 야행성이라 밤에 낚시가 잘되기 때문이다. 운동이나 취미생활이 지나치면 쉬는 것이 아니라 돈을 들이며 하는 노동의 연장이 된다. 그래서 일요일이나 공휴일 다음 날이면 전날 몸을 혹사한 탓에 더욱 피곤하고 집중력이 떨어져 꾸벅꾸벅 졸고 있거나 사우나에 가서 쉬고 싶은 마음이 굴뚝같다. 그래서 쉬는 날은 있어도 쉬는 법을 모르거나 쉬지 않는 사람들이 너무 많다.

• 안식(安息)에 대한 하나님의 뜻

> 하나님이 그 일곱째 날을 복되게 하사 거룩하게 하셨으니 이는 하나님
> 이 그 창조하시며 만드시던 모든 일을 마치시고 그날에 안식하셨음이
> 라(창 2:3)

강철은 강하고 튼튼한 것의 상징이다. 그래서 무쇠 다리나 무쇠 팔뚝은 건강하고 강한 몸을 대변해 주는 말이지만, 쇠도 오래 사용하거나 지속적인 충격을 가하면 쉽게 균열이 오고 파괴되며 이를 금속피로라고 한다. 그래서 마모나 충격을 덜 받게 하기 위해 자주 기름칠을 해 주거나 고열로 인해 내구성이 떨어지는 것을 방지하기 위해 냉각수 등을 사용해서 적절한 온도로 식혀주어야 한다. 아무리 관리를 잘해 주더라도 내구연한이 넘어서면 교체해야 하는 것이 안전사고를 방지하는 지혜로운 방법이다.

강철이라도 이렇게 금속피로나 마모에 대비해서 철저히 관리하고 대비해 주어야 하는데 하물며 사람의 몸은 두말할 나위가 없이 휴식과 재충전의 시간이 필요하다. 이를 가장 잘 아시는 분이 인간을 만드신 창조

주 하나님이다. 하나님은 세상을 창조하면서 가장 마지막으로 인간을 만드시고 나서 휴식하셨다. 하나님조차도 고된 창조 작업을 하고 나서 휴식의 필요성을 절감하셨다. 그러므로 하나님의 형상을 따라 만든 인간(창 1:27)에게 적절한 휴식은 당연한 일이다. 노동과 휴식의 적절한 배합은 칠 일에 하루를 쉬는 것이 성경적이다. 신이 없다는 유물론적인 사상으로 세워진 공산당 정권하에서의 구소련은 기독교적인 문화인 일요일을 없애고 열흘에 하루를 쉬었으나 효율성이 떨어져 칠 일에 한번 쉬는 것으로 바꾸었다. 심장은 온몸에 피를 순환하는 펌프의 역할로 수축과 이완을 반복하는 심장 박동이 멈추면 의사는 사망했다고 진단한다. 그러므로 심장은 언제나 뛰고 있어야 하는데 보통 휴식 때 성인의 평균 박동 수는 1분에 6~70회, 하루 평균 10만 번, 70세 기준으로 평생 26억 번을 박동한다. 이처럼 끊임없이 뛰어야 하는 심장조차도 뛰는 시간 사이에 뛰지 않는 시간을 두어 적절한 휴식을 한다. 심한 운동으로 숨이 찼을 때는 한꺼번에 많은 피를 보내기 위해 심하게 뛰게 되는데, 이는 장시간 지속되지 못한다. 심장이 쉴 수가 없기에 무리가 와서 생명이 위독해지기 때문이다. 이처럼 사람은 적절한 휴식을 하지 않으면 몸에 무리가 와서 면역력을 잃고 온갖 질병에 시달리며 허약해져서 오래 살지 못한다. 심한 운동이나 노동 후에 몸살을 앓는 것도 휴식이 필요하다고 몸이 경고하는 것이다. 적절한 휴식은 장수와 건강에 아주 중요한 보약이며 이를 적절히 유지하지 않는다면 무엇보다 소중한 건강을 잃고 땅을 치며 후회하게 될 것이다.

> 엿새 동안은 일할 것이나 일곱째 날은 큰 안식일이니 여호와께 거룩한
> 것이라 안식일에 일하는 자는 누구든지 반드시 죽일지니라(출 31:15)

안식일은 율법의 중요한 조문으로 이를 지키지 않았다면 돌로 쳐 죽임을 당했다. 하나님께서 안식일을 거룩하게 지키라고 단호하게 명령하신 것은 안식일을 휴식 외에 또 다른 중요한 의미를 부여하셨기 때문이다. 컴퓨터 게임에 빠진 아이들은 곁에서 누가 불러도 소리를 잘 듣지 못한다. 세상의 삶을 열심히 살아가는 이들도 마찬가지다. 학교에서 열심히 공부하거나 직장에서 최선을 다해 일에 몰두하며, 사업장에서 돈벌이에 심혈을 기울이고 있으면 다른 무엇을 중복해서 집중하기 힘들다. 공부와 직장을 병행하는 것이 시간상 가능할지 모르지만 둘 다 좋은 결과를 기대하기 어렵다. 음악을 들으면서 동시에 공부하는 것도, 음악 소리가 공부에 집중하는 것을 방해하여 좋은 성적을 내지 못하는 것과 마찬가지이다. 하나님께서 하루를 안식일로 정하신 이유는 이날 하루만큼은 삶을 위한 생업을 멈추고 하나님께 집중하고 예배하며 하나님의 뜻을 묵상하기를 원한다. 그런데 적지 않은 사람들은 일주일 중 하루도 쉬지 않고 돈벌이에 치중하여 돈을 모아 쌓아두려고 한다. 이는 인간의 생각에는 지혜로울지 모르나, 동식물과 인간을 충분히 먹이시는 환경을 조성해 주신 하나님의 입장에서 볼 때는 믿음이 부족한 행위에 불과하다. 이집트에서 탈출한 이스라엘 백성이 40년 동안 광야에서 생업을 하지 않고도 살아갈 수 있도록 매일 새벽 만나를 내려주셨을 때 여섯째 날에는 두 배를 주어 일곱째 날은 쉬게 하셨다. (출 16:22) 이를 어기고 욕심으로 더 많이 주운 자는 벌레가 생기어 못 먹게 만드셨다. 이처럼 하나님은 안식일을 정해 그날만큼은 당신의 자녀가 온몸과 정신을 집중해서 신령과 진정으로 드리는 예배를 받고 싶어 하신다. 아직도 안식일이 지금의 토요일이므로 이마저 따라서 지켜야 한다는 이단 교회의 주장을 일축하더라도, 율법의 조문이 신약

시대에 와서 구약시대의 영향력은 잃었을지 몰라도 그 효력과 정신은 살아있기에 초대 교회 이후에 주일로 다시 정해져 현재까지 지켜져 내려오고 있는 것이다.

• 휴식을 무시하는 자는 값비싼 대가를 치른다

우리나라 사람들은 예로부터 근면하고 부지런한 민족으로 일컬어져 왔다. 그래서 새벽에 밖에 나가면 이른 시간임에도 거리가 북적거리며 출근을 하거나 운동하는 사람들로 부산하며 자정이 넘는 시간에도 인적이 끊이지 않는다. 외국에 가면 주말이면 일찍 가게 문을 닫고 일요일에는 문을 열지 않는 데 비해 우리나라는 주말이나 주일이 장사가 더 잘된다. 그래서 자영업을 하는 사람들은 휴일이라고 해서 문을 닫지 않는다. 유럽이나 미국은 한여름이면 무려 한 달 동안을 휴가라고 해서 회사나 가게 문을 닫고 여행을 떠난다. 크리스마스와 연초가 이어지는 일주일 남짓의 기간도 휴가로 보낸다. 그렇지만 우리나라는 무더운 여름철에 3~4일 남짓의 휴가를 보낼 뿐이다. 그래서 휴가를 보내는 풍속도 다르다. 휴가가 오랜 기간이면 피서지나 휴양지에 가서 심신의 피로를 풀고 책을 읽거나 산책, 수영 등을 즐기면서 느슨하게 지내는 반면, 우리나라는 짧은 휴가를 화끈하게 보내야 하기 때문에 전쟁을 치르듯 모두들 차를 몰고 나와 고속도로가 정체되어 차 속에 갇혀 있다가 이미 사람들로 가득 찬 해수욕장이나 계곡 한구석을 어렵사리 차지하고 밤새도록 술을 마셔가며 보낸다. 그래서 휴가를 끝내고 집이나 일터로 돌아오면 피로가 더 쌓이고 더 피곤해서 며칠을 끙끙 앓으며 후유증으로 고생한다. 사실 이것은 휴식이 아니라 또 다른 노동이다.

　대부분의 자영업을 하는 가게들은 휴일을 정해 놓고 쉬지 않는다. 종업원들은 한 달에 이틀 정도를 밀린 집안일, 은행이나 관공서 등의 볼일을 보아야 하기에 어쩔 수 없이 쉬게 하지만 정작 주인은 그마저도 쉬지 않는다. 주인이 쉬면 가게 문을 닫아야 하기 때문에 손해가 이만저만이 아니다. 쉬더라도 임대료나 종업원 인건비 등이 고스란히 나가고, 혹 쉬는 날인지 모르고 찾아온 단골이 다른 경쟁업체로 가버릴까 두려워서 문을 닫지 못하고 있는 것이다. 돈이 나가는 것이 아깝고 더 많은 돈을 벌고 싶어 쉬고 싶어도 쉬지 못한다. 아예 24시간 영업을 하는 슈퍼나 식당이 우후죽순으로 늘어나고, 경쟁이 치열해진 의사들도 덩달아 365일 병원 문을 연다고 광고하는 실정이다.

　필자가 알고 지내는 농수산 시장에서 과일을 파는 아주머니가 오랫동안 배가 아파도 바빠서 큰 병원에 가서 종합 진찰을 받지 않고 동네 병원에서 진단서를 받아 약국에서 약을 사 먹고 근근이 버티다가 갑자기 쓰러져 응급실에 실려 가서 진찰한 결과 대장암 말기였다. 그래서 앞으로 얼마 살지 못할 거라고 한다. 농수산 시장의 대부분의 상인들이 그렇듯이 아침 새벽이면 경매가 있어서 새벽 2시면 출근을 해야 하고 소매 고객을 위해 오후 늦게까지 장사를 한다. 집에 오기가 무섭게 피곤함에 절어 통나무처럼 쓰러져 잠을 청하기도 잠시 또 일어나 출근해야 했다. 이렇게 20년이 넘게 열심히 일해 자녀들 대학 공부 마치고 이제 번듯한 아파트를 장만했다고 좋아하더니만, 살만하면 죽음이 언제 다가오는지 모르는 게 인생이다. 자녀 대학 마치고 집 장만하는 것이 인생의 목표는 아니었지만, 돈에 정신을 팔다 인생을 거기에 쏟아붓다 보니 몸이 무리가 가고 병이 생기는 줄도 모르고 지내게 된다. 대부분 암은 오랜 시간에 걸쳐 진행된다고 한다. 평소에 바빠서 식사도 제대로 못 하고 장사하느라 잠시 틈이 날 때 허겁지겁 배를 채우다 보니 위장이 망가지고 과식으로 비만이 되기 일쑤이다. 휴식은 차치하고 운동량이 절대적으로 부족하여 과체중에 고혈압, 당뇨, 암 같은 성인병에 속수무책이다. 젊었을 때는 잘 모르다가 나이를 먹고 모든 몸의 장기가 노화되고 제 기능을 작동하지 못하면서 문제가 발생하는 것이다. 젊었을 때부터 휴식을 즐기면서 스트레스를 해소하며, 적당한 운동으로 체력을 기르고 건강한 몸을 유지했더라면 질병에 대한 면역력도 강해지고 비만으로 인한 위험도 없을 것이다. 수십 년 동안 몸을 혹사하다 보니 끝내 몸에 무리가 오고 병마로 쓰러지는 것이다. 오래 사는 것이 중요한 것이 아니고 건강하게 사는 것이 우선이다. 병든 채로 오래 사는 것은 죽느니만 못하며 사는 것이 고문인 셈이다. 그렇지만 돈에 눈이 멀어 휴식을 거부하고 몸을 혹사하다 한순간에 사형선고를 받고 한 많은 일생을 마치는 사람들이 적지 않다.

> 어떤 사람은 그의 영혼이 바라는 모든 소원에 부족함이 없어 재물과 부요와 존귀를 하나님께 받았으나 하나님께서 그가 그것을 누리도록 허락하지 아니하셨으므로 다른 사람이 누리나니 이것도 헛되어 악한 병이로다(전 6:2)

봄에 농부가 씨앗을 뿌리고 한여름의 땡볕에도 밭에 가서 비료를 주고 농약을 쳐서 가을에 풍성한 추수를 얻게 되었다면 그 소득은 당연히 농부의 것이다. 고등학생이 밤잠을 줄여가며 열심히 공부해서 명문대학에 합격했다면 그 학생의 노력의 대가이다. 장사꾼이 새벽부터 밤늦게까지 고생하고 수고하여 많은 돈을 남겼다면 그의 소유일 것이다. 그렇지만 농부가 땀 흘려 얻은 수확을 남에게 빼앗기고, 학생이 써낸 시험 답안지를 누군가에게 바꿔치기 당해 입학에 실패하며, 장사꾼이 평생 장사해서 남긴 소득을 다른 사람이 가져가 누리게 된다면 이 또한 허망한 일이 아닐 수 없다. 그렇지만 세상에는 이러한 일도 적지 않다. 젊을 때부터 열심히 농사를 지어 자녀를 가르치고 땅을 사서, 개발보상금으로 큰 부자가 되었지만 그 돈은 그의 기쁨이 되지 못하고 자녀들이 방탕하게 되거나 재산싸움으로 콩가루 집안이 되기도 하며, 로또 복권 당첨으로 수십억 원을 받았지만 나누는 과정에서 불화로 인해 아내와 이혼하여 행복한 가정을 깨뜨리고 술과 쾌락에 빠져 돈도 건강도 잃은 사람이 얼마나 많은가? 아무리 열심히 노력한 대가로 많은 재산을 소유하고 있더라도 하나님이 보호하여 주시지 않는다면 악인의 계략과 악한 영의 덫에 걸려 순식간에 빼앗기고 잃게 되며 결국은 다른 사람이 누리게 된다. 세상을 지으시고 인간을 만드신 하나님은 우리의 주인이시다. 하나님이 주셨으며 성령님이 살고 계시는 몸을 그분의 뜻이 아닌 자신의 탐욕과 쾌락을 좇아 아무렇게나 사용하는 것은 그분의 소유임을 인정하지 않는 태도이다. 하나님은 우리를 지으신 의도대로 우리가 몸을 잘 관리하며 당신의 영광을 위해 사용하기를 원하신다. 그렇지 않다면 우리가 그토록 열심히 일하고 노력하여 부와 성공을 이루었을지라도 다른 사람이 차지하고 누리게 될 것이다. 이것은 휴식을 무시하고 자신의 몸을 혹사한 하나님의 진노의 결과이며 혹독한 대가이기도 하다.

무거운 삶의 멍에로 비틀거린다

필자는 충청도 계룡산 산자락에 위치한 작은 마을의 불교를 믿는 집안에서 장남으로 태어났는데, 해마다 절기가 되면 절에 올라가 불공을 드리던 어머니는 필자가 제법 걸을 수 있는 나이가 되자 필자의 손을 붙잡고 열심히 절에 데리고 다녔다. 그 이유에 대해 나중에 어머니가 말씀하시길, 절의 중이 어린 필자를 보자 '산을 밟아야 될 팔자'라고 말했다고 한다. 그 말의 뜻은 부처를 열심히 섬겨야 한다는 것으로, 어머니는 그 말이 두고두고 마음에 걸려 잘못되면 아들의 장래에 화가 미칠까 두려워 필자를 더욱 열심히 절에 데리고 다녔다고 한다. 그런데 아이러니하게도 필자는 목사가 되었다. 아무런 뜻 없이 내뱉은 누군가의 말이라도 그 말이 올무가 되어 행동을 구속하거나 자유롭지 못하게 한다면 삶에 무거운 멍에가 되어버린다. 어릴 적부터 들어온 말 중에, 문턱에 앉거나 다리를 떨면 복이 나간다는 근거 없는 말부터, 결혼하거나 이사 가는 날을 정하는 일, 혹은 집안에 못을 박는 방향도 정해져 있어 아무 데나 박으면 동티가 나서 가족들이 질병에 걸리거나 재앙을 입는다는 토정비결이나 무속신앙, 사주팔자와 관련된 지침까지 자유로운 행동에 발목을 거는 말들은 다양하다. 평소에 미신을 믿지 않는 사람들까지 굳이 안 좋다는 것을 사서 할 필요가 있겠느냐 하며 은근히 겁을 먹고 지키고 있다. 결국 자유로운 행동에 사사건건 구속과 제약을 주는 이러한 원칙들은 평생을 따라다니며 두려움과 불안을 유발하고 평안한 삶에 걱정과 염려를 던져주는 멍에가 되어 괴롭히는 것이다. 그래서 하나님을 믿는 크리스천조차도 자녀의 배우자감에 사주팔자를 보는 사람도 적지 않으며 심지어는 점집에 다니는 사람조차 있다. 만일 사주팔자가 안 좋게 나왔거나 점쟁이가 부정적으로 말했다면 올무가 되어 머리를 지끈지끈 아프게 할 것이다. 예수님은 우리의 자유를 위해 십자가의 극형을 마다하지 않으셨는데 정작 우리는 근거 없는 저주가 두려워 예수님의 죽음을 헛되게 하고 있다.

• 멍에의 유형

> 수고하고 무거운 짐 진 자들아 다 내게로 오라 내가 너희를 쉬게 하리라
> 나는 마음이 온유하고 겸손하니 나의 멍에를 메고 내게 배우라 그리하
> 면 너희 마음이 쉼을 얻으리니 이는 내 멍에는 쉽고 내 짐은 가벼움이라
> 하시니라(마 11:28~30)

멍에란 소나 노새의 목에 가로 얹는 막대로 짐수레나 쟁기를 끌게 하기 위한 기구이다. 짐승이 멍에를 메고 있다면 죽을 때까지 무거운 짐을 지거나 고된 노동을 해야 한다는 것을 의미한다. 사람들도 태어나면서부터 감당할 수 없는 생로병사의 멍에를 비롯한 갖가지 문제를 가지고 살아간다. 멍에의 유형은 사람마다 다르고 다양하지만 스스로 문제를 해결하거나 벗어나는 사람은 거의 없다. 그래서 사주팔자를 잘못 가지고 태어났다는 운명론으로 받아들이거나 술에 취해 잊어버리며 살아간다. 삶에서 부딪치는 피할 수 없는 문제의 해결책을 가지고 오신 분이 다름 아닌 예수님이다. 예수님은 세상의 창조자이시며 우주를 운행하시고 사람의 생사화복을 주관하시는 하나님과 화목케 하는 조건으로 자신을 구세주로 받아들일 것을 제시하셨으며, 이를 믿고 하나님의 자녀로서 살아간다면 이

러한 인생의 문제의 본질에서 벗어날 수 있음을 말씀하셨다. 물론 이러한 제안도 공짜가 아니다. 쉽고 가볍지만 예수님의 자녀로서 져야 할 짐도 분명히 있음을 말한다. 그래서 이를 받아들여 자신이 감당할 수 없는 인생의 무거운 짐을 예수님께 벗어놓고 자유롭게 된 사람들이 크리스천이다. 그렇지만 크리스천으로 살아가면서 지지 않아도 될 또 다른 짐을 하나둘씩 짊어지는 이들도 있다. 그래서 비록 무겁지는 않지만 크리스천으로서 짊어져야 하는 짐과 더불어 지지 않아도 되는 세상 사람의 무거운 짐까지 걸머지고 힘에 겨워 비틀거리며 걷고 있는 것이다.

• 사회적인 관습의 멍에

남자는 결코 눈물을 보여서는 안 된다는 말은 남성에게 상당한 설득력이 있다. 운다는 사실이 약한 모습을 보인다는 증거로 여겨 강한 남성을 추구하는 사회적인 이미지에 좋지 않은 인상을 주기 때문이라고 한다. 그래서 남자들은 울고 싶어도 울어서는 안 된다. 운다고 해서 약한 남성이 되는 것도 아니고 눈물을 흘리는 것은 감정을 자연스럽게 표현하는 것이지만, 비합리적인 사회적인 편견에 사로잡혀 정작 눈물을 흘리고 싶을 때 이를 감추거나 흘리지 못하고 남의 눈치만을 보는 것도 표현의 자유를 구속받는 것이다.

사회나 직장생활에서 성공하려면 술을 마셔야 한다는 말이 있다. 술 문화에 친근한 유교사회의 전통적인 유산에서 빚어진 것이기도 하지만 우리 사회는 술에 유난히 관대하다. 그래서 술을 많이 마시는 것이 강한 남성의 상징이며 대인관계가 원활하다는 증거로 삼는다. 술은 군대에서도 막강한 위력을 발휘하여 군대 문화에서 빠질 수 없는 존재이다. 술을 좋아하는 상관 밑에서, 술을 마시지 못한다면 탄탄하지 못한 군 생활을 예감해야 한다. 대학교의 신입생 환영회나 MT에서도 술을 중시하는 문화는 예전이나 지금이나 그대로다. 선배들은 자신들의 선배에게서 배운 대로 술을 마시는 행사로 시작하여 밤을 새워가며 술에 취한 채 마친다. 그래서 술을 잘하지 못한 신입생이 과도한 음주로 사망하는 사건이 발생하기도 한다. 이러한 전통은 회사에 들어가서도 유감없이 발휘된다. 지금은 선배나 상사의 권유에 자신의 의견을 당당하게 말하는 후배가 늘어나는 분위기여서 조금은 줄었지만 술을 못한다면 회식이 곤혹스럽기는 이래저래 마찬가지이다.

시대가 변해 수그러들었지만 여자가 울면 집안이 망한다는 말이 아직도 보수적인 집단에서는 상당한 영향력이 있다. 심지어는 모 교단에서 여성 목사의 안수를 반대하고 있다. 여성 유권자가 많아도 여성이 국회의원이 되거나 대통령이 되는 데 긍정적이지만은 않다고 한다. 회사에서도 여성이 고급 간부가 되거나 승진하는 경우에도 눈에 보이지 않는 제약이 적지 않다. 심지어는 여성 상사 밑에서 일을 하지 못하겠다고 사표를 내고 회사를 뛰쳐나오는 부하 직원도 있을 정도이다. 여성에게 질책을 받는 것은 남자로서의 자존심이 상한다는 이유이다. 여자가 나서거나 잘되는 것을 질투하는 것을 남성의 치졸한 모습으로 보기에는 무리가 없지 않지만, 남존여비 사상으로 유명한 전통적인 유교 문화에 물들어 있던 우리나라의 사회 전반에 깊게 뿌리박혀있는 모습이기도 하다. 불합리하든지 공평

하지 못하든지 간에 실제로 사회의 여러 곳에서 이러한 모습들이 은밀하지만 막강하게 영향력을 발휘하고 있다.

자영업이나 사업을 하다 보면 공무원으로부터 허가나 감독을 정당하게 받기보다 뇌물이나 향응을 대접함으로 사업의 좋은 기회를 얻고 지나친 감독을 완화시키도록 노력한다. 이 같은 방법은 불의하거나 불법적이지만 사회에 만연한 기회주의적인 방법이며 아울러 공무원들의 부패함을 유발할 수 있다. 또한 과도한 세금도 적법하게 내기보다 회계 세무사에 장부를 맡겨 이중으로 기록하여 탈세하는 것을 피할 수 없는 방법이라며 이를 절세라고 표현하기도 한다. 그래서 고소득으로 유명한 의사나 변호사들도 세원이 포착되기 쉬운 신용카드의 사용을 가급적 막아가며 현금으로 받은 것은 제대로 신고를 하지 않는다. 그래서 매출을 규모를 줄여 세금을 최대한 적게 내려는 것이다. 이러한 관행은 우리나라의 조세제도가 음성적인 탈세를 예견하여 그만큼 높이 책정되어있어 정직한 납세자에게 부담을 주고 순진한 납세자에게 탈세를 조장한다는 원성을 사고 있지만, 이는 고질적인 병폐로 하루아침에 고쳐질 일이 아니다. 결국 사업가들은 내라는 세금을 다 내면 망할 수밖에 없다는 피해 의식을 갖고 있어 수단과 방법을 동원해서 세금을 줄여 내고자 한다. 이 같은 자세는 광고나 영업에서도 그대로 나타나 아주 싼 가격으로 판다는 명목하에 품질이나 용량, 원산지를 속이는 일이 흔하다. 이는 사업자가 갖고 있는 도덕성의 문제도 있겠지만 불법과 불의가 판치는 사업계의 관행이기도 하다. 그래서 정직하게 사업하려는 자는 불의한 자들로부터 질시나 왕따는 물론이요 사업상의 어려움을 견디다 못해 문을 닫는 경우도 허다하다. 이처럼 불합리하고 불의한 사회적인 관습은 개인이 감당키 힘든 멍에가 되어 삶의 고난과 시련의 원인으로 작용한다.

• 전통적인 문화의 멍에

불신자가 교회에 오면 가장 먼저 갖는 고민 중의 하나가 제사를 지내는 것이다. 그래서 기독교가 우리나라에서 전래한 이래 제사로 인한 갈등이 첨예한 대립을 이루어왔다. 전통적인 견해는, 대대로 내려오는 조상에 대한 예를 폐지하는 것은 효를 근간으로 하는 우리나라의 미풍양속을 파괴하는 것으로 도저히 용서 못할 행위로 여겨져 가문으로부터 파문을 당하거나 부모형제와 친척으로부터 외면을 당하고 쫓겨남을 감수해야 했다. 이를 보다 못한 가톨릭교회에서는 교황의 명령으로 고유한 문화를 존중한다는 미명하에 이를 인정하기도 했으니 제사를 둘러싼 갈등과 싸움이 이방인의 상상을 넘어섰음을 알 수 있을 것이다. 핵가족으로 인한 가족제도의 변화와 현대 문명의 잠식으로 전통적인 문화가 사그라지고 기독교인이 늘어남에 따라 기독교 문화가 점차 세간에 알려짐으로 인해 제사에 대한 갈등이 줄어들긴 했으나, 여전히 이 문제는 믿지 않은 사람들과 해묵은 전쟁의 불씨로 남아 있다. 그래서 가족 중에 종교가 다르다면 제사 행위 등에 대한 표면적인 이유로 관계가 점점 멀어져 연락도 하지 않고 지내는 경우가 허다하다. 이 같은 과정을 겪으면서 가족과 친척과 겪는 마음고생과 헤어지는 아픔은 치유되기 힘든 상처로 남아 오래도록 남아있게 될 것이다.

우리나라는 예로부터 부모와 자식 간의 끈끈한 유대관계로 유명하다. 자녀에 대한 부모의 희생정신과 향학열 등은 다른 어느 나라의 부모와 비교할 수 없으며, 이를 바탕으로 이루어진 늙은 부모에 대한 자식의 효도와 봉양은 이 같은 문화가 없는 외국에서 무척이나 부러워하는 우리만의 독특한 문화이기도 하다. 그러기에 자녀들은 성인이 되어 결혼해서 독립해 나가서도 이 같은 관계에는 변함이 없다. 그렇지만 특별한 관계는 서로에 대한 희생과 섬김, 사랑이 전제되어 있기에 그렇지 않다면 이 같은 관계는 쉽게 깨지며 실망이 증오로 변해 남보다 못한 사이로 변하기도 한다. 자녀가 장성해서 결혼하면 새로운 가정을 이끌며 부부간의 합의된 결정으로 이루어진다. 그렇지만 어떤 부모들은 자녀의 독립된 가정에도 사사건건 간섭을 하며 자신의 입장을 강요하거나 권한을 요구하며 이를 관철시키려는 이들도 있다. 이는 과거의 시집살이에 대한 경험과 전통적인 가족문화의 소산이기도 하겠지만 새로운 가정의 여주인인 며느리와 심각한 갈등을 빚게 되고 불편한 관계를 이어가는 요인이 된다. 심지어는 고부간의 불화를 견디다 못해 이혼하는 가정도 생길 정도이다. 또한 자신의 재산을 털어가며 교육을 시키고 심지어는 결혼자금과 사업자금으로 한 푼도 없이 자녀에게 털어 주었지만 경제력이 없는 노후의 부모를 나 몰라라 하는 자식들도 문제이다. 그래서 싸움이 잦고 갈등이 커지다 못해 법원에 소송을 내어 양육비를 받아내는 사례도 비일비재하다. 이렇게까지 진행되었다면 부모자식간의 사이는 원수보다 못한 처지가 되었을 것이다. 이 같은 문제는 우리나라만의 전통적인 가족관계에 따른 부산물이기도 하다. 너무 가까워도 서로 배려하고 지혜롭게 처신하지 않는다면 감당할 수 없는 멍에가 되어 평안한 삶에 염려와 근심을 끼칠 것이다.

이 밖에도 전통적인 문화의 탈을 쓰고 우상이 버젓이 들어와 있기도 하다. 토정비결이나 사주팔자, 관상이나 점 등은 불교적인 문화유산이 아니라 유불선이 혼합된 무속신앙에 가깝다. 여호와 하나님을 믿는 크리스천과는 또 다른 인생관과 내세관을 가지고 있어 서로 인정하기 어렵다. 그렇지만 타 종교나 타문화에 관대한 우리네 사람들의 성향은 이들이 틈타 들어오는 데 일조를 하여 결혼이나 입시, 승진 등의 문제나 관혼상제의 행사 때 으레 끼어들기도 한다. 심지어는 필자는 십자가를 세운 집에서 성경 점을 치는 이들도 만나 본 적이 있다. 이처럼 출처가 묘연하며 잡다한 잡술과 무속 행위는 전통문화에 관대한 틈을 타고 들어 자리잡고 우리의 삶을 좌지우지하려고 한다. 그러므로 이들의 멍에를 메지 않으려면 단호한 태도로 물리쳐야 할 것이다.

• 잘못된 결혼의 멍에

> 너희는 믿지 않는 자와 멍에를 함께 메지 말라 의와 불법이 어찌 함께하
> 며 빛과 어둠이 어찌 사귀며 그리스도와 벨리알이 어찌 조화되며 믿는
> 자와 믿지 않는 자가 어찌 상관하며 하나님의 성전과 우상이 어찌 일치
> 가 되리요(고후 6:14~16)

잘못된 결혼은 앞에 언급한 멍에보다 더 힘들고 버겁다. 사회적인 관습이나 전통적인 멍에는 견고한 믿음과 단호한 의지를 가지고 대한다면 어렵지 않게 해결할 수도 있지만 잘못된 결혼의 멍에는 쉽게 고쳐질 수도 벗어날 수도 없다. 일단 한번 잘못 엮이면 평생 따라다니며 괴롭게 하는

고질적인 멍에이다. 재정이 어렵거나 치유하기 힘든 질병이 있어도 행복한 결혼생활을 하고 있다면 극복하며 나갈 수 있지만, 아무리 재산이 많은 부자이거나 사회적인 성공을 누리고 있더라도 가정이 불행하다면 허망한 일일 것이다. 그러기에 행복하고 평탄한 인생의 밑바탕에는 만족한 결혼생활이 전제되어 있다. 그렇지 않다면 그 삶은 망망대해에서 끝 모를 고난과 시련의 파도를 맞닥뜨리며 정처 없이 표류하고 있는 고장난 배와 같은 불행한 처지일 것이다.

   잘못된 결혼의 원인은 여러 가지가 있다. 그렇지만 가장 중요한 요소는 삶의 목적과 목표일 것이다. 크리스천이라면 하나님의 자녀로서 그분의 영광을 위해서 사는 것이지만, 세상 사람이라면 자신을 사랑하고 쾌락을 추구하고 돈을 좇는 삶이다. 하나님을 모르는 세상 사람이라고 모두 다 그렇지 않다고 할지 모르나 그러한 모습이 세속적인 사람의 일반적인 특징이다. 그러므로 인생의 목적이 서로 다른 사람이 결혼을 해서 한 가정을 이룬다면 배를 몰고 가는 목적지와 방향이 서로 다른 사공이 두 명 있는 배와 같이 끊임없는 갈등과 싸움이 벌어질 것이다. 물론 나중에라도 전도해서 크리스천이 될 수도 있겠지만, 그동안에 겪는 시련과 고난은 말도 못 할 것이며 자신의 생각대로 관철되지 않는 경우도 허다하다. 인생은 연습이 없으며 생각보다 그리 길지 않는 시간이다. 그러므로 주어진 시간과 기회를 최선을 다해 예수님을 기쁘시게 하는 제자로 살아가야 하며 이를 위해서 뜻을 같이하는 배우자와 힘을 합친다면 더욱 풍성한 열매를 맺을 것이다. 그러나 잘못된 결혼으로 사사건건 태클을 걸며 시시콜콜한 간섭과 질책을 일삼고 불에 기름을 끼얹는 행동을 일삼는 배우자와 함께 살아간다면 평생 눈물 섞인 기도와 한숨 그리고 치유되지 않는 상처를 지낸 채 지내야 할 것이며 풍성한 열매는 차치하고 자신의 신앙을 유지하는 것조차 힘든 일일 것이다.

좋은 결혼의 조건은 같은 하나님을 믿는 신앙의 소유자를 배우자로 택해야 하는 것이 최우선 조건이다. 이 조건이 충족되면 대부분의 사람들은 정년이 보장된 고소득의 탄탄한 직업이나 신분, 거주할 아파트의 유무, 높은 수준의 학력, 명망 있는 집안의 집안 배경 등을 떠올릴 것이다. 이러한 조건들도 행복한 결혼생활을 위해서 고려할 조건이지만 이보다 우선해야 할 조건이 배우자의 성품이다. 아무리 재산이 많아도 사랑이 식은 가정은 무덤에 불과하다. 그러므로 직업이나 학력, 재산을 보기 전에 사랑과 희생, 배려 등의 따뜻한 성품과 참고 견디며 절제하고 자족하는 단단한 마음이 전제되어야 할 것이다. 고소득에 높은 학력 수준과 유명한 집안의 배우자라면 이보다 못한 자신의 배경과 비교되어 열등감을 유발하고 자존심을 건드려 기쁨을 앗아가는 요인이 될 것이다. 결혼은 단기간이 아니라 오랜 시간에 걸쳐 가족이 되는 과정이며 좋은 일만 만나는 것이 아니라 힘들고 험한 일에도 동행해야 하는 긴 여행이다. 많은 재산이 있으면 더없이 좋겠지만 풍성한 환경을 마련해 주신 하나님을 믿고 성실하게 노동을 한다면 생계에 필요한 소득을 얼마든지 얻을 수 있다. 그러므로 잘된 결혼은 만족한 삶의 주춧돌이 될 것이지만, 안타깝게도 잘못된 결혼은 인생의 무거운 멍에가 되어 날마다 말 못 할 상처를 주고 뼈아픈 고통을 주는 고문이 될 것이다.

• 중독의 멍에

　사람은 태어나면서부터 자유가 있다. 그래서 자유의지와 선택에 따른 결정을 한다. 직업이나, 결혼 혹은 거주이전의 자유 등 남에게 피해를 주지 않는 범위에서 정부에서도 법으로 정해 자유를 허용하고 있다. 그렇지만 자신의 선택과 의지와는 상관없이 해야 하는 일이라면 자유롭지 못한 범주에 들어간다. 삶에 커다란 영향을 주지 않는다면 조금 불편한 것으로 여겨 참고 지내겠지만 막대한 고통과 피해를 준다면 이 역시 만만치 않은 멍에임이 틀림없다. 크리스천이거나 아니거나 상관없이 술을 마시거나 담배를 피우는 사람들은 이를 끊어야겠다는 결심을 하고 행동에 옮기지 않은 사람은 없을 것이다. 술과 담배는 건강에 치명적인 해를 미치며 막대한 경제적인 손해를 끼치며 가족들이 싫어하는 일로 가족 간에 갈등의 원인을 제공하거나 건강한 삶을 살아가는 데 걸림돌이 되기에, 단단한 결심을 하고 이를 끊어야겠다고 다짐하며 가족들에게 선포하고 행동에 옮기지만 대부분의 사람들은 성공하지 못하고 도로 주저앉는다. 폐암의 90%는 흡연에서 발생한 것이며 알코올중독에 빠져 매일처럼 술을 마시지 않으면 정상적인 생활을 할 수 없는 사람들은 주변에서 빈번하게 볼 수 있다. 특히 술은 이성을 마비시켜 음란과 불륜의 길로 들어가는 입구이기도 하다. 어떤 이들은 도박에 중독되어 강원도 카지노에서 전 재산을 날리고 폐인이 되었다는 기사가 심심찮게 들리며, 틈만 나면 친구나 이웃을 찾아 고스톱으로 시간을 보내는 자영업자를 찾는 일을 어렵지 않다. 음식점이나 부동산 사무실에 가보면 컴퓨터로 인터넷 고스톱을 하느라 손님이 왔는지도 모르고 정신이 빠져 있는 사람도 적지 않다. 실제로 돈이 오가는 일이 아니라 심심풀이로 하는 게임이라도 여기에 푹 빠진다면 다른 생산적인 일을 하지 못하게 되며, 잠도 안 자고 밤을 새워가며 하기에 정상적인 생활에 막대한 지장을 주게 된다. 중고등학교에 다니는 학생들이 학교를 마치면 학원에 간다고 하고 PC방에 들러 자정이 넘어 귀가하거나 집에 오기만 하면 방에 틀어박혀 게임에 열중하는 일은 주변에서 흔하다. 이들이 인터넷 게임에 중독되어 있다면 공부에 집중하는 일은 어려울 것이고 중요한 시절을 헛되이 보낸다면 평생 후회하며 살게 될 것이 뻔하다. 필자가 서재에서 컴퓨터를 켜고, 인터넷을 열라치면 어느샌가 '무삭제 동영상', '성인 야동'이라는 사이트가 광고로 쏟아져 들어오곤 한다. 언제 어디서 어떻게 들어오는지 알 수 없지만, 이들이 기를 쓰고 광고를 하는 이유는 한 번만 보게 되면 계속 보고 싶은 충동을 누르지 못하고 몇 번 보면 어느새 중독의 증세를 보여 지갑을 열고 입금을 하지 않으면 견디기 힘든 현상을 보이기 때문이다. 음란물 중독은 이 시대가 타락한 단면을 보여주는 증세로 여기에 빠져들면 실제 불륜으로 이어지는 특급열차를 타게 되어 가정을 파괴하며 영혼이 파괴되는 것은 '식은 죽 먹기'이다.

술이나 담배, 도박이나 게임, 음란물 등을 가리지 않고 중독이 되었다는 것은 자신의 생각과 의지와는 상관없이 다른 무엇의 힘에 이끌려 행동하는 것을 말한다. 이는 대부분 사회적으로나 도덕적인 비난의 대상이며 행복한 가정을 깨뜨리며 소득을 얻는 직장과 자영업은 물론이고 건강에도 치명적인 해를 주기에, 여기에 중독이 된 사람들은 필사적으로 빠져나오려 하지만 올무에 걸린 짐승처럼 발버둥 치면 발버둥을 칠수록 점점 조여온다. 그래서 중증의 알코올 중독자는 사회적인 폐해로 정부에서 이를 치유하는 기관과 감옥과 다름없는 병원을 운영하고 있다. 또한 직접 흡연을 하지 않더라도 흡연한 것과 엇비슷한 피해를 입기에 병원이나, 공항, 철도 등 대부분의 공공기관에서는 흡연이 금지되어 있고 흡연자에 대한 인사적인 불이익을 주는 회사가 점차 늘어나고 있다. 이처럼 백해무익하며 막대한 손해를 입히는 습관들을 버리지 못하는 이유가 무엇일까? 이것은 쾌락을 좇는 세속적인 사람들의 전형적인 모습이기 때문이다. 돈을 사랑하고 쾌락을 좇는 것은 하나님을 모르는 세상 사람들이 숭배하는 또 다른 모습의 우상이다. 여기에는 쾌락의 미끼를 던져놓고 숨어서 이 미끼를 물기만을 기다리는 사탄의 사악한 계략이 숨어 있다. 특히 하나님의 자녀들은 사탄의 주요한 표적이다. 그렇기 때문에 한번 시작하면 걷잡을 수 없이 빠져들어 건강과 가정을 망치고 영혼이 파괴되는 무시무시한 결과를 가져온다.

• 신앙의 멍에

등잔 밑이 어둡다는 말이 있다. 사람들은 예수님을 구세주로 믿어 하나님의 인도하심과 도우심으로 피할 수 없는 삶의 모든 문제로부터 해결책을 얻고 자유를 누리고 싶어 교회로 왔지만 신앙생활이 또 다른 멍에가 되어 삶의 고통을 주는 요인이 되었다면 실로 슬프고 안타까운 일이다. 그렇지만 이러한 일이 실제로 우리 주변에 적지 않게 존재한다. 처음 교회에 오면 모르는 사람들이 반갑게 맞아주는 것도 싫지 않았고 낯설지만 정숙한 분위기로 예배를 드리는 일도 좋았다. 특히 하나님이 함께하시며 복을 주셔서 삶의 모든 고난을 피할 길도 주시며 형통하고 성공적으로 살 수 있으리라는 기대감은 실망스러운 삶에 새로운 탈출구를 찾은 심정이었다. 특히 기도에 응답해 주시며 언제나 동행해 주신다는 사실에 설레고 들뜬 마음을 주체하지 못하도록 즐거워했다. 그렇지만 시간이 지나고 신앙생활도 익숙해지자 예배 시간이 답답하고 설교가 무료하게 느껴져 조는 일도 많아졌다. 게다가 놀러 가자는 제안이며 신나는 일이 많은 일요일에는 모든 것을 거절하고 무조건 교회에 와야 한다는 사실이 구속처럼 느껴지고, 매주 드리는 헌금이며 수입의 십 분의 일이나 되는 십일조를 내야 한다는 것은 보통 심각한 문제가 아니다. 게다가 평소에 좋아하는 술도 눈치를 보아가며 마셔야 하고 교인들 앞에서는 절대로 이 사실을 드러내지 않아야 한다는 이중적인 행위도 역겨워지며 시간이 지날수록 답답함과 짜증만 늘어난다. 더군다나 가끔씩 심방을 오는 목회자들도 부담스럽고, 구역 예배에 참석하라고 시도 때도 없이 전화하는 구역장과 하마터면 말다툼을 할 뻔도 있었다. 그럴 때면 신앙이 자유를 주는 것이 아니라 또 다른 구속을 주며 삶의 멍에가 되었지만, 적지 않은 사람들은 그동안의 신앙생활이 나름대로 습관이 되어 주일이면 형식적인 신앙생활을 반복하고 평일이 되면 또 다른 모습으로 살아간다. 이도 저도 아닌 채 신앙의 기쁨을 잃어버리고 의무적인 신앙생활에 지친 사람들은 결국 교회를 떠나가고 다시는 쳐다보지도 않는다. 누가 이들의 믿음을 거둬가 버렸는가?

교회 다닌 지 10년이 넘은 C집사는 최근 고민에 빠졌다. 교회가 낡은 성전을 버리고 근처 땅을 매입하여 새롭게 신축한다고 발표한 것이다. 기존 교회를 판다고 하더라도 땅값만 일부 충당될 것이어서 건축비는 턱없이 부족하여 금융기관에 대출을 얻고 모자라 교인들에게 건축헌금을 밀어붙

일 수밖에 없는 처지이다. 문제는 자신도 대출로 얻은 아파트의 할부금을 내기가 버거운 처지에 대학 입학을 코앞에 둔 남매의 등록금을 어떻게 마련할지 고민만 깊어가고 있는 것이다. 이러한 처지에 교회에서는 중책을 맡고 있는 집사들에게 기대를 많이 걸고 있는 눈치이다. 재정이 넉넉해서 성전을 짓는 일에 뭉텅이 돈을 선뜻 드릴 수 있다면 좋겠지만 빚을 내어 드릴 수밖에 없는 처지라 교회를 옮겨야 할지 고민하느라 밥맛도 없고 짜증만 늘었다. 이제 입교 3년 차로 초신자 꼬리표를 뗀 B씨는 담임목사의 설교가 늘 맘에 걸린다. 생산직 직장이라 잔업에다 특근이 많아 주일예배를 정규적으로 참석하는 것도 어렵고 직장이 멀어 아침이면 겨우 자녀들을 학교에 보내고 통근버스를 타느라 새벽예배는 꿈도 못 꾼다. 최근에는 부흥회를 열어 십일조에 대한 축복의 주제로 설교를 한 부흥사는 십일조는 하나님의 것이라 드리지 않는다면 도적질을 하는 것이라는 말라기의 말씀을 거듭 외쳤다. 십일조를 제대로 드리지 못하는 자신이 부끄러웠지만 그 이유는 남편이 교회를 다니지 않아 이를 반대하기 때문이다. 그런데 담임목사는 평소 설교 때마다 주일성수, 새벽기도, 십일조는 축복받는 신앙생활의 기본이라 이를 지키지 않는다면 하나님의 축복이 없을 것이라고 말해 이를 듣고 있는 설교 시간이 가시방석에 앉아있는 기분이다. 자신은 그래도 최선을 다해서 하나님을 섬기고 있으며 직장 일로 주일예배를 못 드리는 날이면 근처 대형교회에서 저녁 예배라도 드리고 있으며, 새벽기도는 참석하지 못해도 시간 날 때마다 기도하려고 애쓰며 십일조를 드리지는 못해도 다른 헌금을 넘치도록 드리려고 하는데, 이런 설교를 들을 때마다 하나님은 나와는 너무 멀리 있으며 축복의 열매는 평생 이루지 못할 신기루처럼 느껴지곤 한다.

제3부

어떻게 하면
형통한 삶을 살 것인가?

1장
자신의 정체성을
깨달으라

어느 날 새끼 낙타가 어미 낙타에게 물어보았다. "엄마! 제 속눈썹은 왜 이렇게 길어요?" "그건, 사막의 모래바람을 막기 위해서란다." "그런데 엄마, 발바닥은 왜 이렇게 스펀지처럼 푹신푹신해요?" "그것은 사막의 모래에 빠지지 않기 위해서란다." "등에 난 우스꽝스러운 혹들은 무엇이에요?" "그것은 먹이가 없이 사막에서 오랫동안 여행할 때를 위해 영양을 저장해 놓은 거란다." "그렇다면 엄마, 우리는 왜 사막이 아닌 동물원에 있지요?" "........"

자신이 누군지를 모른다면 백조인지 모르고 몸집이 다른 새끼오리보다 크고 색깔이 다른 자신을 미워하며 불평하며 살게 되는 이솝우화의 미운 오리새끼와 다를 바 없다. 학창 시절에 알렉스 헤일리가 쓴 《뿌리(The Roots)》라는 소설을 감명 깊게 읽은 기억이 난다. 자신은 미국에 잡혀 온 흑인 노예의 후손으로 살면서 자신의 선조가 누구인지, 고향이 어디인지 알고 싶어 찾아가는 실화를 바탕으로 소설을 남겨 출판 당시에 독자들의 대단한 반응을 불러와 엄청난 베스트셀러였다. 미국 흑인들은 그 당시 백인이 주류를 이루고 있는 미국 사회에서 노예로 잡혀와 오랫동안 인간대접도 못 받고 남부지방의 목화농장에서 일만하다 링컨이 이끈 남북전쟁에서 자유를 얻었지만 오랫동안 인종차별의 설움을 안고 살아야 했었다. 그러나 지금은 동등한 대접을 받으며 미국 사회에서 당당한 일원이 되었음에도 불구하고 자신의 뿌리를 알고자 몸부림치는 이유는 정체성이 없다면 인생은 허망하기 그지없기 때문이다. 유교 문화의 영향으로 유달리 뿌리에 집착한 우리네 선조들이 전쟁이 일어나서 황급히 도망칠지라도 족보만은 정성껏 보자기에 싸서 지게에 지고 간 이유는, 족보가 없는 가문은 사회에서 인정도 받지 못할뿐더러 정체성이 없는 삶의 허무함을 일찍이 알았기 때문이다.

크리스천, 나는 누구인가?

사춘기 시절이 아니라 성인이 되어도 줄기차게 자신이 누구인지 골똘하게 생각하는 사람은 어렸을 때 머나먼 타국으로 입양을 와서 살다가 고국을 다시 찾아 낳아준 부모나 같이 자란 형제자매를 애타게 찾는 사람일 것이다. 그렇지만 혈통이나 가족을 떠나 자신의 진정한 정체성을 고민해본 적이 있는가? 자신이 과연 누구인지, 단지 진화론에 의해 우연히 생겨난 생명체로서 생물학적인 짝짓기를 통해 생명을 얻은 존재에 불과한지? 아니면 다른 차원에서 창조자의 치밀한 계획의 일환으로 부모의 몸을 통해 이 땅에 생겨난 존재인지? 아니면 또 다른 존재의 이유가 있는지? 신앙이 없었을 때라도 이 같은 질문을 한 번쯤은 던져 본 일이 있었으리라. 그렇지만 신앙을 가진 이후에도 자신의 정체성에 대해 치열한 깨달음이 없었다면 견고한 신앙을 갖기는 어려운 일이다. 누구나 자신의 존재에 대해 고민하기보다 눈앞에 놓인 산적한 문제를 해결하느라 정신없이 바쁘게 살아가다 보면 나이가 들고 늙어가다 삶의 종말을 맞이하는 게 일반적인 사람들의 모습이다.

만일, 우연히 생겨난 생명체로서 자신의 존재를 인정한다면 특별한 목적의식이나 존재의 가치를 생각하지 않아도 된다. 지구상에 최고의 자리를 차지하는 인간으로서 슬픈 일이지만 별 대단한 존재가 아니라는 것이다. 개나 소나 참새 혹은 들에 핀 이름 모를 풀꽃과 다름없기에 말이다. 생각한다는 것만으로 인간이 다른 생물체보다 최고의 자리를 누리고 주도권을 가지고 살아간다고 여기고 있을 뿐이다. 물론 다른 존재들의 생각을 들어 본 적이 없으므로 일방적인 주장에 불과하다. 어쨌든 어떻게 여기고 있든지 간에, 우연히 이 세상에 생겨 난 존재에 불과하므로 자기 본위의 가치를 붙이는 것도 무의미한 것이며 단지 생명이 붙어있는 동안 인생을 즐기고 쾌락에 만족하며 사는 것이 그리 유쾌하지 못한 존재의 이유에 그나마 위안을 얻을 것이다.

하나님이 자기 형상 곧 하나님의 형상대로 사람을 창조하시되 남자와
여자를 창조하시고(창 1:27)

그렇지만, 세상을 창조하신 이가 하나님이심을 굳게 믿으며 사람이 하

나님의 형상을 좇아 생겨난 특별한 존재라는 성경의 말씀을 확신하는 크리스천이라면 존재의 이유는 각별한 성격을 띠게 된다. 우주의 환경이나 다른 지구상의 생명체보다 더욱 귀하게 여겨 천지창조의 마지막에 세상의 주인공으로서 이 땅에 존재하게 되었기 때문이다. 사람만이 특별한 모습으로 이 세상에 오게 된 것만으로도 충분한 존재의 이유가 된다. 조선 시대의 임금의 자리에 어린아이나 중병에 걸린 노인이 앉아있을지라도 없는 것과는 사뭇 다르다. 어차피 대부분의 국사는 신하들이 처리하고 있어 굳이 임금이 이래라저래라 하지 않아도 잘 돌아갈 터이지만, 임금이 없는 나라라면 도적들이 흥왕하고 흑심을 품은 역적들이 나서서 민심을 교란할 것이 뻔해 온 국민이 불안과 두려움에 휩싸이게 될 것이다. 이처럼 사람을 온 우주의 책임자이자 관리자로 만들어 이 세상에 보낸 창조주 하나님의 계획이라면, 사람으로 태어난 것 자체가 특별하고 놀라운 존재의 이유가 되는 것이다.

> 사랑은 여기 있으니 우리가 하나님을 사랑한 것이 아니요 오직 하나님
> 이 우리를 사랑하사 우리 죄를 위하여 화목제로 그 아들을 보내셨음이
> 니라(요일 4:10)

세상을 창조하신 하나님이 당신의 형상을 따라 만드신 사람을 사랑하셔서 멀어진 관계를 회복하고 죄에서 고통스러워하는 인간들을 구원하고자 하나님 자신이 인간의 몸으로 오신 분이 예수님이시고, 그분은 하나님의 계획대로 인간의 죄를 대신하여 십자가의 참혹한 고통을 거절하지 않으시고 참고 달게 받으심으로 인간을 사랑하시는 것을 확증시켜 주셨

다. 이처럼 우리 인간은 하나님이 끔찍이 사랑하시고 아끼시는 특별한 존재로 지구상의 다른 생명체와 비교할 수 없다. 우리 인간은 이 세상에 나온 자체가 하나님으로부터 사랑을 한 몸에 받는 이유를 갖고 태어난 것이다. 우리가 이것을 진지하게 생각해 본다면 자신의 생명이라도 마음대로 해코지할 수 없을 것이며 주어진 인생을 어떻게 살 것인가에 대한 해답도 깨닫게 될 것이다. 이처럼 우리 크리스천은 아무것도 아닌 게 아니라 하나님 앞에 소중한 존재로 한없는 사랑을 받는 사람으로 이 땅에 살아가게 된 것을 생각한다면 가슴 뭉클한 감동을 잊지 않고 살아갈 수 있다.

그렇지만 적지 않은 사람들은 자신을 다른 이와 비교해서 열등감을 느끼고 있으며 삶의 고난과 시련을 겪으면 태어난 것을 저주하며 스스로를 탓하거나 자기연민에 빠져 심각한 우울증으로 식구들을 불안하게 하다가 자살도 서슴지 않는다. 비록 이 같은 생각을 직접 행동으로 옮기지 않는다고 하더라도 자괴감과 자포자기에 빠져 술에 취해 인생을 포기하거나 원망하거나 불평하는 것으로 일관하다 소중한 인생을 헛되게 보내기도 한다. 자신이 하나님의 소중한 존재인지 깨닫지 못하기 때문에 이러한 일이 발생하는 것이다. 설령 알고 있다고 하더라도 삶의 현장에서 실패와 고난을 겪으면 캄캄한 현실에 절망하며 산다면 이 역시 아무런 소용없는 일이다. 그러기에 자신의 정체성을 잊지 않는 것이 험난한 삶에서 기쁨과 평안을 잃지 않고 살아가는 비결이다.

크리스천, 내 삶의 목적은 무엇인가?

민속박물관에 가 본 적이 있는가? 전국에 산재해 있는 크고 작은 민속박물관에는 우리네 조상들이 사용하던 농경 도구며 생활 물품들이 전시되어있다. 그중에 상당 부분은 그 물건에 대한 설명문을 읽고 나서야 용도에 대한 의문이 풀리는 반면에 어떤 생활용품은 아무리 읽어도 무슨 물건인지 알기가 어렵다. 이제는 시대와 문화가 변해 이해하기조차 난해한 도구가 돼버린 셈이다. 그렇지만 그러한 도구들은 그 당시에는 생활에 없어서는 안 되는 요긴한 물건들이었고 집안에서 소중히 아끼며 간직하던 도구들이었다. 이 도구들의 입장에서 본다면 사람들의 사랑을 받으며 주인의 땀 냄새와 손때가 묻어나던 시절이 그리울 것이다. 그것들에게 감정이 있다면 주인에게서 사랑받던 때가 그리워 잠도 못 이루고 눈시울을 붉히고 있지 않을까? 지금처럼 실용적인 용도와는 무관하게 다만 전시장에 걸려 사람들의 호기심의 대상이 되기 위해 만들어진 게 아니기 때문이다.

영화 〈늑대 개〉에서 썰매 경주견으로 유명한 알래스카 출신의 시베리안 허스키와 말라뮤트는 질주본능이 대단하다. 주인이 데리고 공원에 산책하러 나가서 틈만 나면 쏜살같이 사람들 사이를 헤집고 이리 뛰며 저리 내달려 놀러 나온 아이들을 놀라게 하고 주인을 곤혹스럽게 한다. 그런 그들이 썰매를 끌 일도 내달릴 평원도 없는 주택의 개집에 묶여 일생을 보낸다면 추위에 떨며 지낼 일도, 먹을 것이 없어 굶어죽을 일도 없겠지만 일생은 무료하며 열정도 즐거움도 없이 시간을 지루하지 않게 보내는 것만이 유일한 희망일 것이다. 그들은 애완견으로 세상에 나온 것이 아니라 설원의 대자연 속에서 힘차게 내달리며 추위와 시련에 도전하면서 태어난 보람을 느끼기 때문이다. 그렇다면 사람은 어떤 목적을 가지고 사는 것이 보람된 일이며 가슴 벅찬 일일까? 주변의 사람들에게 인생의 목적이 무엇이냐고 물어보라. 아마 별 시답잖은 사람을 다 봤다는 표정을 지으며 무슨 헛소릴 지껄이느냐고 의아해할 것이다. 왜냐하면 대부분의 사람들은 인생의 목적이 없이 살기 때문이며, 설령 있다 해도 자녀의 출세나 부자, 사업의 성공 등 자신의 탐욕과 쾌락을 충족시켜 주는 것에 불과하기에 굳이 물어볼 필요도 없고 대답할 가치도 없다. 사실 이러한 것은 누구나 원하는 대상이기는 하지만 인생을 불태우며 열정을 가질만한 가치가 있는 것이 아니다. 그래서 이것들은 어느 정도 충족시킨 사람들조차 여기에 만족하지 못하고 또 다른 쾌락과 욕심을 찾게 된다. 이러한 것은 진정한 만족감을 주지 못하기 때문이다. 그래서 사람들의 속을 들여다보면 저마다 가슴을 채우지 못한 것에 답답해하며 외로워하거나 허무해하지만 이 문제를 해결할 방법이 없기에 돈 세는 재미로 살거나 술에 취해 현실을 잊어가며 사는 것이다.

> 그런즉 너희가 먹든지 마시든지 무엇을 하든지 다 하나님의 영광을 위
> 하여 하라(고전 10:31)

대부분의 크리스천은 삶의 목적이 하나님의 영광을 위해서라는 데에 의심을 하지 않는다. 그렇지만 중요한 것은 생각하는 것이 아니라 실행에 옮기는 것이다. 예수님이 가르친 기도문으로 유명한 주기도문은 예배의 끝에 암송하기도 하면서 그 가르침을 배우려고 애쓰는 중요한 대목이다.

이 기도문의 처음 세 구절은 하나님의 이름을 거룩히 하며, 하나님의 나라가 이 땅에 임하게 하고, 하나님의 뜻이 이루어지는 것이다. 이것들은 모두 하나님이 기뻐하시는 뜻으로 하나님의 영광을 위한 것임이 틀림없다. 그렇다면 우리가 기도하는 우선순위는 무엇인가? 하나님께 찬양하고 감사하는 것도 있겠지만, 마음속으로 가장 원하는 것은 우리가 처한 곤혹스러운 삶의 문제를 해결해 주고 세상에서 잘되고 성공적으로 사는 데 필요한 것들을 얻는 것이 아닌가? 이러한 것은 하나님의 영광을 구하는 것이라기보다 자신의 소원을 구하는 것에 가깝다. 물론 이러한 것들도 주시겠다고 약속하셨지만 우리가 하나님의 영광을 위하여 살 때는 자연적으로 생활에 필요한 것은 채워 주시겠다고 약속하셨음을 기억하라. 자신을 위한 기도에 더 많은 할애를 하게 되는 이유는 삶의 목적이 하나님의 영광에 있기보다 나 자신에게 초점이 맞추어져 있기 때문이다.

적지 않은 크리스천은 살아가면서 힘든 고난과 심각한 문제에 맞닥뜨리면 하나님에 대한 불평과 회의를 감추지 않는다. 하나님을 잘 믿고 교회에 정규적으로 출석하면서 빼놓지 않고 헌금을 드리면 세상에서 하는 일에 복을 받고 잘 될 것을 믿는 이들에게 삶의 현장에서 닥치는 시련과 불행한 사건은 그동안 믿어왔던 좋으신 하나님에 대한 불신과 의혹을 사기에 충분하다. 교회를 잘 다니는 자녀에게 나쁜 일이 왜 생기는지 이해할 수가 없다. 하나님이 한눈을 파셨거나 늙어서 힘이 약해지신 것은 아닐까? 하나님이 언제나 좋은 일만 있게 해 주고 건강을 지켜주며 기도하는 것마다 응답해 주시는 분이라면 그분의 존재 이유는 나의 영광을 위해서일 것이다. 하나님이 나 자신의 영광만을 위해 존재하신다면 가증스럽고 패역한 생각일 터이지만 신앙의 목적이 자신의 유익에 맞추어져 있기에 이런 생각을 하는 것이다. 믿는 사람에게도 시련과 고난은 닥친다. 병원에 가보아도 암에 걸린 신자는 비신자의 비율과 다르지 않다. 세상 사람에게 닥치는 불행과 역경은 크리스천에게도 예외 없이 닥쳐온다. 단지 크리스천은 이 시련과 어려움을 겪으면서 하나님이 기뻐하시는 견고한 신앙으로 무장하게 되고 깨끗한 성품으로 변화하도록 애쓰며, 하나님의 뜻을 알고자 하여 더욱 지혜로워지며, 더욱 친밀하여져서 날마다 하나님과 동행하는 삶을 살게 되는 계기가 될 것이다. 세상 사람에게 일어나는 나쁜 일은 고단한 삶의 이유가 되지만, 크리스천에게 닥치는 불행과 고난은 신앙의 훈련장으로 하나님의 영광을 위해 살기로 삶의 목적을 다지는 좋은 밑거름이 된다. 그렇기에 크리스천은 어떤 처지에 놓여 있든지 하나님의 뜻을 이루는 도구의 삶을 살아야 하는 것이다.

크리스천이 하나님의 영광을 위해 사는 분명한 목적의식이 없다면 삶의 현장에서 닥치는 온갖 고난과 시련을 이기는 능력을 얻지도 못하고, 신앙조차도 삶의 멍에가 되어 자유로운 행위를 구속하는 무거운 짐이 될 수밖에 없다. 하나님을 모르는 세상 사람이야 어쩔 수 없다고 치더라도 하나님의 자녀가 되어서도 분명한 목적의식이 없이 살아간다면 평안이 사라지고 불평과 한숨뿐인 인생이 될 것이다. 사람은 하나님의 영광을 위해 태어난 존재로 이 땅을 살아갈 때 하나님의 소중한 자녀로 귀중한 여김을 받게 되는 것이지, 자신의 뜻을 좇아 탐욕과 쾌락을 좇아간다면 하나님으로부터 버림을 받아 삶의 고뇌를 짊어지고 고생하다 죽어갈 뿐이다. 이러한 삶에 무슨 평안이 있겠으며 하는 일마다 형통함이 깃들겠는가? 세상에서는 아무리 우주의 주인은 자기 자신이라고 가르치며 인간의 이성만이 믿을 수 있는 유일한 것이라며 유혹할지라도, 자신이 누구인지 분명히 깨닫고 어떻게 사는 것이 삶의 목적인지 알고 그 길을 가는 자만이 하나님이 주시는 평안과 동행하시는 형통함을 누리게 되는 것이다.

2장

진정한 만족은
어디에 있는가?

내 소망은 어디에 있는가?

크리스천의 존재의 이유와 삶의 목적은 인생의 종착역을 바라는 소망과 밀접한 관계가 있다. 세상 사람들은 자신이 서 있는 이 세상이 삶의 전부인 줄 알고 있기에 평생을 바쳐 자신의 왕국을 이루고자 혼신을 힘을 다한다. 아침 새벽부터 일어나 밤늦게 누우며 휴일도 휴가도 없이 돈 벌기에 바쁘다. 그래서 부자가 되어 크고 넓은 아파트를 장만하고 고급 외제 자동차를 굴리면서 골프가방을 둘러메고 해외여행을 제집 드나들듯 다닌다면 살맛나게 좋을 것이라고 생각한다. 그뿐이 아니다. 자신의 부와 좋은 직업을 대물림하듯 자녀에게도 사교육비를 엄청나게 투자하여 의사, 변호사가 되는 고소득의 사다리를 타게 하거나 명문대학과 유학을 보내 고급 관료와 교수 등의 번듯한 자리를 차지하게 하여 온 가족이 명문일가가 되어 온갖 좋은 것은 다 누리고 다른 이들의 부러움을 받고자 한다. 그렇지만 이들에게도 고민은 있다. 누리는 시간이 너무 짧다는 것이다. 그래서 좋은 보약이라면 금액을 가리지 않고 찾아 먹으며, 아침저녁으로 헬스클럽이나 수영장에서 땀을 뻘뻘 흘리며, 그도 모자라면 성형외과를 찾아 보톡스 주사며 주름살 제거 수술을 백화점에서 쇼핑하듯 한다. 그렇지만 흘러가는 세월은 멈추지 못하고 은밀하게 찾아오는 나이를 숨기지 못한다. 이들은 자신이 세운 왕국에서 하루라도 더 오래 지내고 싶어 수단 방법을 가리지 않지만 동서고금으로부터 현재에 이르기까지 모든 살아있는 것에 생로병사를 적용하는 자연의 법칙에는 예외가 없다. 누구나 태어나서 세월이 흐르면 늙고 병들어 죽게 마련이다.

> 또 내가 내 영혼에게 이르되 영혼아 여러 해 쓸 물건을 많이 쌓아 두었으니 평안히 쉬고 먹고 마시고 즐거워하자 하리라 하되 하나님은 이르시되 어리석은 자여 오늘 밤에 네 영혼을 도로 찾으리니 그러면 네 준비한 것이 누구의 것이 되겠느냐 하셨으니(눅 12:19~20)

초대교회 시절에 기독교도를 박해하던 압제자들을 피해 재산을 버리고 가족과 형제 곁을 떠났던 수많은 교인들과 심지어는 소중한 목숨까지도 아낌없이 버렸던 순교자들이 갖던 소망은 다름 아닌 천국에서의 영생함이었다. 지금은 고단하고 어려운 삶이지만 장차 들어갈 천국은 세상과 비교할 수 없을 정도로 아름다우며 그곳은 슬픔과 아픔도 없이 영원토록 살게 될 것이기에 이 땅에서 소유한 것과 소중히 여기는 것들을 지체 없이 버렸던 것이다. 이들은 욕심이 없어서가 아니라 더 가치 있고 귀중한 것을 얻기 위해 아낌없이 버렸으니, 사실은 영생과 천국에 대한 소망이 세상에서의 욕망보다 더 컸기 때문이리라.

현대를 사는 우리들은 천국과 영생을 위해 자신의 재산과 가족과 사업장을 버리지 않아도 된다. 믿음을 위해 목숨을 버리는 일은 더더욱 없다. 어쩌면 어려운 선택의 입장이 아니라서 천국의 소중함을 깨닫지 못하는지도 모른다. 예수님을 구세주로 믿고 교회를 정규적으로 출석하면 천국으로 들어갈 것을 의심하지 않는다. 이렇게 생각하게 된 것은 예수만 믿기만 하면 천국을 보장받는다고 가르친 교회 지도자들의 잘못도 없지 않아 있겠지만 잘못된 믿음의 결과에 대한 책임은 고스란히 자신의 몫이다. 성경에는 천국에 들어가는 필요조건이 예수님을 구세주로 믿는 것이지만 이것이 전부가 아니라고 말하기 때문이다.

> 예수께서 제자들에게 이르시되 내가 진실로 너희에게 이르노니 부자는
> 천국에 들어가기가 어려우니라 다시 너희에게 말하노니 낙타가 바늘귀
> 로 들어가는 것이 부자가 하나님의 나라에 들어가는 것보다 쉬우니라
> 하시니 제자들이 듣고 몹시 놀라 이르되 그렇다면 누가 구원을 얻을 수
> 있으리이까(마 19:23~25)

예수님을 찾아온 부자 청년의 이야기는 마태, 마가, 누가복음에 빠짐없이 나온다. 영생을 찾고자 왔던 이 청년은 어려서부터 신앙이 돈독했으며 예수님을 하나님이 보내신 선지자로서 의심치 않았기에, 예수님을 구세주로 여기는 것만으로 제자로 받아들였다면 문제없이 훌륭한 제자가 되고 영생을 얻게 되었을 것이다. 그렇지만 예수님은 이 청년의 아킬레스건을 단호하게 끊어야 한다고 말한다. 이 청년이 소중하게 여기고 있던 것은 자신의 재산이었다. 결국 이 청년은 예수님의 제안을 받아들이지 못하

고 머리를 흔들면서 떠나가자, 제자들은 놀라움으로 어안이 벙벙하여 천국에 들어가는 것이 몹시 어려움을 깨닫고 그렇다면 누가 갈 수 있겠느냐면서 탄식을 한다. 이렇듯 예수님이 기뻐하시는 제자의 삶을 살지 못한다면 영생을 얻을 수 없다는 것이 하나님의 단호한 원칙이다.

다시 현실로 돌아와, 나에게 이렇게 예수님이 명령하신다면 나는 과연 이 명령에 지체 없이 따르겠는가? 여기에 대한 결정이 영생을 얻을 수 있는 자격을 갖고 있느냐를 가늠해줄 것이다. 이것은 무척이나 어려운 결정이겠지만, 사실은 삶의 소망을 어디에 두고 있느냐는 것을 확인해 주는 잣대가 될 것이다. 만일 진정한 소망이 하늘나라에 있다면 이 땅에서 일어나는 것에 그다지 일희일비하지 않게 될 것이다. 때로는 슬퍼하고 실망스러운 일도 겪게 되겠지만 절망에 빠져 생명을 저주하는 일도 없을 것이고, 다른 사람과 비교되는 열등감으로 인해 불만족으로 가득 차 불평과 원망을 달고 사는 일도 없다.

이 땅의 삶에 최선을 다해 살아가되 비록 원하지 않는 결과를 얻더라도 천국을 생각한다면 참고 견딜 수 있는 힘을 얻을 수 있다. 그렇지만 말로는 천국에 소망을 갖고 살아간다고 하면서 이 땅에서 일어나는 사소한 일에도 지나치게 기뻐하거나 실망하는 태도를 가지는 것은 현재의 삶을 천국보다 소중하게 여기며 집착하며 살아가는 모습일 것이다. 물론 아무리 천국을 소망하는 크리스천이라도 자신의 생명을 위협하는 것에 두려워하고 아끼고 소중히 여기는 것을 잃는다면 실망스러울 것이다. 또는 소원하고 바라는 일이 이루어진다면 기뻐하고 즐거워하는 것은 당연하다. 그렇지만 하나님이 기뻐하시는 뜻에 반함에도 더욱 세상의 일에 집착하고 사랑한다면 안타까운 일이 아닐 수 없다. 하나님의 자녀로 평안하게 살아가고자 한다면 세상의 탐욕과 쾌락을 추구하는 삶을 버려야 하기 때문이다. 세상에서 성공하고 얻고자 하는 것에 지나치게 집착하며 추구한다면 하나님이 주시는 평안을 얻지도 못하는 안타까운 일이 생기게 된다. 비록 쉽지는 않겠지만 날마다 하늘의 소망을 기대하며 기다리는 삶이 이루어지려면 탐욕을 좇는 마음을 비우고 하나님의 영으로 채우는 일과를 반복하며 경건의 훈련을 쌓아가야 한다. 그렇다면 언젠가는 세상의 것을 쓰레기처럼 여길 수 있는 경지에 다다를 것이며 놀라운 하나님의 평안을 경험하게 될 것이다.

진정한 만족을 어디에서 찾을 것인가?

귀하고 아름다운 진주를 돼지에게 던져주어 보라. 처음에는 맛난 음식을 기대하며 다가서서 코를 킁킁거리다가 이내 흥미를 잃고 돌아설 것이다. 부르는 게 값인 희귀한 고려청자라도 고양이에게는 플라스틱 밥그릇과 다름없이 여긴다. 동물들이 유일하게 관심을 보이는 것은 맛있는 먹이와 짝짓기 상대에 불과하다. 하나님이 이들의 존재 이유로 대자연을 아름답고 풍성하게 하는 조연을 맡겼기에 그들은 다른 것에 욕심도 없으며 관심조차 없다. 다만 종족을 번식시키며 자신의 생명을 유지하는 것만으로 만족해한다. 그렇지만 사람은 그렇지 않다. 매 식사마다 산해진미로 배를 채우고 수많은 젊고 아름다운 여인들로 잠자리 시중을 들게 한 솔로몬 왕의 고백을 생각해 보라. 사람은 동물들의 본능만으로 만족함을 채울 수 없는 존재이다.

> 은을 사랑하는 자는 은으로 만족함이 없고 풍부를 사랑하는 자는 소득
> 으로 만족함이 없나니 이것도 헛되도다(전 5:10)

하나님을 모르는 세상 사람들은 부자가 되고 성공하는 것과 쾌락을 추구하는 삶에서 만족함을 얻으려 한다. 그렇지만 말 타면 종 부리고 싶다는 옛말처럼 사람의 욕심은 끝 가는 데를 모른다. 내 집을 갖고 예금통장에 어느 정도 노후자금만 모으면 여한이 없겠다며 허리띠를 졸라매고 천신만고 끝에 이 같은 소망이 이루어지면 점점 갖고 싶은 것이 늘어간다. 차도 외제 차로 바꾸고 싶고 명품으로 뽐내고 싶어 하며 백화점이나 호텔에서 VIP로 대접받는 것을 즐겨하게 되면서 자신의 소유에 만족하지 못한다. 더 큰 부자, 더 높은 성공, 더 많은 사업체를 갖고 싶어 한다. 그렇지만 결국은 물질을 얻는 것에 대한 만족은 잠시뿐이며 탐욕의 노예가 되어 평생 끌려다니게 마련이다. 그래서 죽을 때까지 물욕을 채우는 행위로 인생을 바친다. 세상이 더욱 음란해지는 이유도 이와 다르지 않다.

마음의 평화가 없으며 절제와 자족에서 얻어지는 만족함을 모르는 사람들은 늘 불안해하고 쓸쓸하고 허전해하기에 쾌락을 좇아간다. 대부분의 사람들은 술 취함에서 만족함을 얻는 데 그치지만 적지 않은 이들은 술에 취하면 음란의 쾌락을 즐기고 싶어 한다. 나이트 클럽, 퇴폐 이발소, 안마 시술소, 유흥주점, 술 마시는 노래방 등의 유흥업소 주변에는 불법적

인 성매매가 누구나 아는 비밀로 이루어지며 주변의 수많은 모텔이 엄청난 고객이 있음을 이것을 증명한다. 술에 취하며 음란과 불륜에서 짜릿한 쾌락을 즐기는 이들은 돈을 주고 사는 성에 만족하지 못하면 부부간에 잠자리를 바꾸는 스와핑 회원에 가입하거나 동성끼리 성을 즐기는 호스트바를 찾기도 한다. 그 밖에도 변태적이거나 엽기적인 성행위 서비스를 제공하는 업체도 은밀하게 성행하고 있다. 여기를 찾는 고객 중에는 의사나 변호사, 대학 강사 같은 사회 지도층 인사가 적지 않다. 이처럼 세상 사람들은 정상적인 삶으로는 만족하지 못해 낮에는 박쥐처럼 모습을 감추고 있다가 밤이 되면 정보를 교환하며 또 다른 쾌락을 찾아 돌아 나선다. 마치 소돔과 고모라의 시대처럼 시간과 장소는 변했지만 사람들의 쾌락을 향한 욕망은 끝이 없다는 것을 보여준다.

> 일의 결국을 다 들었으니 하나님을 경외하고 그의 명령들을 지킬지어다
>
> 이것이 모든 사람의 본분이니라(전 12:13)

자신이 누군가를 알고 무엇을 위해서 태어났으며 어디로 가는지 아는 이는 행복하다. 그렇지만 자신의 정체성을 모른 채 무엇을 위해 태어났는지 모르는 이는 불행할 수밖에 없다. 동물원의 새끼 낙타처럼 자신의 정체성을 망각한 채 고민하고 괴로워하다가 이 땅을 떠나는 것이다. 사람의 존재는 하나님의 사랑하시는 자녀로 이 땅에 왔으며 하나님의 영광을 위해 사는 것에서 진정한 기쁨과 만족을 느끼게 되어 있다. 세상의 학문이나 철학이 사람을 우주와 만물의 중심에 올려놓으며 추켜세운다고 할지라도 진리가 아닌 것은 허망하며 허무할 수밖에 없다. 그렇지만 이를

알고 있는 크리스천이라고 할지라도 자신의 정체성에 맞게 삶에 적용하지 않는다면 아무런 소용이 없을 것이다. 아는 것과 실천하는 것은 다르기 때문이다. 그렇지만 성령님과 동행하는 삶을 실천하며 살아간다면 하나님의 영광을 위해 사는 즐거움을 얻게 되며 세상이 주는 쾌락과 비교할 수 없는 탁월한 만족을 깨닫게 될 것이다. 왜냐하면 이는 하나님이 태초부터 우리 인간에게 부여해 주신 본분이기 때문이다.

3장

신앙의 균형을
유지하라

　마라톤은 42.195km를 달려야만 하는 육상경기로 사람이 견딜 수 있는 최고의 한계를 참고 이겨내야 하기에 올림픽 경기의 꽃으로 폐막식 날 마지막 경기로 치러진다. 보통 선수들은 2시간이 조금 넘는 기록으로 들어오지만 아마추어 동호인들은 3시간 안에만 들어와도 꿈같은 기록으로 여긴다. 오랜 시간 동안 자신과의 싸움을 이겨내야 하기에 아무리 선수라도 페이스를 잃으면 중도에 포기하는 일이 다반사이다. 그러기에 빨리 뛸 수 있는 실력 외에도 경기의 템포를 조절하는 능력을 보유해야 좋은 성적을 남길 수 있다. 그렇다면 크리스천이 갖고 있는 신앙은 이 땅에 사는 날 동안 지켜야 하므로 단거리 경기가 아니라 마라톤과 같은 최장거리 경기임에 틀림없다. 그렇다면 열정을 가지고 열심히 신앙생활을 하는 것도 중요하지만 마지막 날에 풍성한 열매를 맺기 위해서는 오랜 시간 동안 견고한 믿음을 꾸준하게 유지하는 지혜도 필요할 것이다.

　필자가 아는 A집사는 교회에서 불치의 병을 치유받고 하나님의 은혜에 감격하여 평생 전도하며 살기로 결심했다. 그래서 생업인 식당일은 부인에게 맡기고 하루 종일 오토바이를 타고 공원과 양로원 등을 찾아다니며 자신이 경험한 치유사건을 간증하며 전도만 했다. 생업을 제쳐놓고 전도만 하면 어떻게 먹고사냐고 물어보면, 하나님의 일을 하면 다 먹고살게 해 주실 거라며 걱정하거나 불안해하는 것은 믿음이 부족한 거라며 힘주어 말하곤 했다. 그렇지만 가족을 돌보지 않는 것에 대해 아내와 심한 말다툼 끝에 아내가 집을 나가버리자 몇 달을 기다리며 혼자 살다가 급기야 월세방을 나와 잠적해 버렸다. 또 다른 사례로서 지금은 목회의 길에 들어선 B전도사는 집사 시절에 열심히 신앙생활을 하다 목회자가 될 것을 결심하고 신학교에 들어가면서 조상 대대로 물려받아 장남인 자신의 명의로 되어 있던 도시 근교의 산을 형제들과 아무런 상의 없이 교회에 헌납하자 형제들 사이에 큰 싸움이 생겼다. 이 산은 비록 그린벨트로 묶여 있지만 개발하면 엄청난 보상금을 받을 수 있어 형제들이 큰 관심을 갖고 있었다. B전도사는 하나님께 드리면 하나님께서 기뻐하며 받으시고 크리스천인 형제들의 마음을 감동시켜 흔쾌히 따를 줄 알았지만, 기대와는 반대로 가족 공동재산의 개념을 갖고 있던 형제들은 격렬하게 반대하여 집안은 풍비박산이 났고 그토록 우애가 좋았던 가족은 원수로 변했다.

맹목적인 신앙은 고단한 삶의 원인이다

교회에서 매우 열정적으로 신앙생활을 하는 성도들에게 '열심히 혹은 믿음이 좋은'이라는 수식어가 붙는 반면에 세상 사람들은 '광적'이라는 말을 붙인다. '광적(狂的)'이라는 말은 미쳤다는 말이다. 물론 하나님을 모르는 사람들의 눈에는 전혀 이해할 수 없는 행위로 여겨 붙인 표현이겠지만, 같은 교인의 입장에도 이해할 수 없는 행동을 하여 고난을 자초하는 이들도 적지 않다. 최근에 발간된《청년들이 교회를 떠나는 33가지 이유》라는 책에서 보면, '현실과 동떨어진 설교가 싫다', '전도 방법이 너무 혐오스럽다', '적응하기가 너무 어렵다', '인간관계가 부자연스럽다' 등의 소제목에서 볼 수 있듯이, 상식적으로 받아들이기 힘들거나 이웃의 처지나 현실을 도외시한 채 막무가내로 밀어붙이는 신앙행위가 믿음이 연약한 성도나 초신자들에게 혐오감을 주거나 부정적인 인식을 주어 교회에 왔다가도 떠나버리는 이유를 제공하는 안타까운 일이 발생하는 것이다. 그런데 정작 이러한 일을 자초하는 본인들에게는 얼마나 곤혹스러운 부담이 될 것인가? 이렇듯 지혜가 없거나 맹목적인 신앙생활은 자유와 기쁨을 주는 것이 아니라 평안한 삶에 짐이 되어 고난의 원인을 제공하고 있다.

신비주의 신앙

입만 열면 하나님이 자신에게 하신 말씀이라고 하며 줄줄이 쏟아내는 사람들이 있다. 이들은 주로 기도 중이라든가 꿈에서 보여주셨다며 시시콜콜한 얘기까지 쉬지 않는다. 자신에 대한 주제라면 그래도 괜찮은데, 주변 사람들의 문제까지 들추어내면 사태는 심각해진다. 이러란 현상은 교회 주변에만 있는 것이 아니라 기도원에 가도 쉽게 볼 수 있으며 적지 않은 부흥사들이 여기에 동참하고 몇몇 일반 교회의 목회자도 여기에 편

승한다. 이런 사람들에게서 자신에 관한 말을 듣게 되면 기분이 묘해진다. 정말 하나님이 이 사람을 통해 나에게 말씀하신 것일까? 하는 의구심도 들기도 하지만, 전달하는 사람이 너무 실감나게 말하기에 귀가 솔깃해지는 것도 사실이다. 말하는 사람이 자신과 비슷한 평신도라면 웃어넘길 만한 이야기라도 목회자나 장로 같은 교회 지도자의 직책을 가지고 있다면 신뢰감을 느끼고 듣게 된다. 성경에도 하나님이 꿈에 나타나 말씀하신 경우도 많고 선지자나 종들을 통해 자신의 뜻을 나타냈으니, 지금도 이러한 일이 없으리라는 법은 없기에 말이다. 전에는 성령 운동을 강조하는 교단의 교회에서 이러한 현상이 많아 타 교단으로부터 주목을 받았지만 지금은 교단과 상관없이 목회자의 성향에 따라 발생하고 있다. 그렇지만 이들의 말이 과연 하나님이 말씀하신 것이냐 아니냐를 판단하는 일은 불가능하다. 개인적으로 하신 예언이므로 하나님을 통해 밝혀지지 않는다면 알 수 없는 일이기에 더욱 곤혹스럽다.

> 네가 마음속으로 이르기를 그 말이 여호와께서 이르신 말씀인지 우리가 어떻게 알리요 하리라 만일 선지자가 있어 여호와의 이름으로 말한 일에 증험도 없고 성취함도 없으면 이는 여호와께서 말씀하신 것이 아니요 그 선지자가 제 마음대로 한 말이니 너는 그를 두려워하지 말지니라 (신 18:21~22)

꿈이나 환상, 기도 중에 주시는 말씀은 하나님께서 자신의 자녀에게 주시는 예언일 수도 있다. 그렇지만 이러한 모습은 자신의 생각에 불과하거나 사탄이 준 것일 수도 있다. 그렇지만 판단력이 없거나 성경 지식이 부족하면 무조건 하나님이 자신에게 주시는 말씀이라고 들떠서 주변 사람들을 현혹하거나 교회를 혼란스럽게 하는 일이 적지 않다. 그렇기 때문에 그러한 말을 하는 사람이 있으면 먼저 성경에 위배되지 않은지 판단해야 한다. 만일 성경에 어긋난 것이 있다면 당연히 하나님의 말씀이 아니다. 하나님은 성경에 약속하신 자신을 뜻을 번복하면서 말씀하시지 않기 때문이다. 그렇지만 이들이 하는 말은 개인의 미래에 대한 예언이나 삶에서 일어나는 여러 가지 결정에 대한 사안이므로 성경에 비추어 판단하기가 쉽지 않다. 그럴 때에는 섣불리 자기 생각이나 경험, 느낌 등으로 옳고 그름의 판단을 해서 결정하는 것은 위험한 일이다. 구약시대부터 지금까지 교회 주변에는 거짓 선지자들이 많이 나타나, 저마다 하나님의 특별한 계시를 받았다고 주장하는 무리들이 적지 않았다. 그래서 하나님도 위의 성경 구절처럼 그들이 말한 예언이 실제로 이루어지는지 먼저 확인해 보라고 하신다. 이루어지지 않는다면 이는 하나님과 상관없는 자신의 일방적인 생각이거나 교회를 혼란스럽게 하려고 사탄이 넣어준 말에 불과하다. 그러므로 이러한 말을 하는 사람이 나타나면 그 사람의 신분이나 직책에 상관없이 부화뇌동하지 말고 조용히 그 말이 성취되는지 지켜볼 일이다. 하나님이 일하시는 원칙은 초자연적인 현상을 통해 지시하는 경우는 지극히 드물다. 하나님은 세상을 창조하시고 우주를 운행하시며 자연을 섭리하시므로 자신이 세운 원리를 어겨가면서 일하시는 경우는 아주 특별한 경우에 불과하다. 특별한 능력을 지닌 사도 바울도 대부분의 사역의 전략을 세우는 경우에 전도지의 정치적, 문화적인 상황이나 주변 환경을 고려하고 지혜롭게 판단하여, 각지에 흩어진 유대인들의 회당을 중심으로 전도하여 풍성한 열매를 거두었다. 대부분 개인의 일상에서 필요한 결정이나 계획은 하나님이 환경을 열어 주시고 지혜를 주셔서 순적하게 이루어지게 하시는 경우가 일반적이다. 그러므로 너무 신비한 것을 추구하거나 바라지 말기 바란다. 이러한 모습은 나중에 거짓된 것으로 밝혀지는 경우가 많아 실망스럽게 되고 주변 사람들로부터 그동안 쌓아온 신뢰를 잃기 쉽다. 그러므로 신비한 방법에 심취하기보다 기도나 말씀을 통한 경건의 훈련을 쌓아가다 보면 삶이 자연스럽게 평안해지고 형통하게 이루어지게 된다는 것을 깨닫게 될 것이다. 그렇지 않고 신비적 현상을 너무 신봉하며 이성을 잃고 무너지듯 쏠린다면 합리적이며 질서를 중시하는 하나님의 원칙에서 멀어질뿐더러 사탄의 올무에 걸릴 위험도 크다는 것을 알아야 한다.

율법주의 신앙

필자가 청년 시절에 잠시 다닌 시골의 교회는 우리나라 선교의 역사와 맞먹는 구한말에 선교사가 세웠던 전통적인 교회이다. 한적한 시골이라 그 역사에 비해 교인은 그리 많지 않았지만 전통적이며 견고한 신앙을 확인하는 것은 어렵지 않았다. 그렇지만 이들의 신앙은 견고하다 못해 자유로운 행위를 구속하는 일도 더러 있었다. 주일을 신실하게 지키기 위해 주일에는 상점에서 상품을 사는 것도 꺼렸고 영화를 보거나 놀이를 하는 것은 금기시하였다. 심지어는 돈을 주고 교통기관을 이용하는 일까지 눈치를 보는 일이 생길 정도였다. 주일은 금욕적이고 신성하게 지켜야 한다는 사실에 주일 오전 예배를 마치면 교회나 집에서 시간을 보내다 저녁 예배를 드리고 집에 돌아가 일찍 잠자리에 드는 단순한 일과가 대부분이었다. 지금 그 시절을 돌이켜보면 너무 심했다는 생각도 들지만, 당시의 그 교회의 분위기는 그러한 전통을 깨뜨리기가 쉽지 않았다.

술, 담배에 대한 우리나라의 교회의 견해는 매우 엄격하다. 그렇지만 건강에 백해무익한 담배는 그렇다 치더라도 술에 대한 성경의 견해보다 더 부정적인 것도 사실이다. 문제는 적지 않은 수의 크리스천들이 사회에서 술을 마시는 현실을 도외시한 채 이를 무시하거나 부정하고 있어 현실의 생활과 교회의 신앙과의 괴리감만 커지고 있다. 사실 교회에 관심이 있는 세상 사람들도 현재 즐기고 있는 술이나 담배 등을 끊어야 한다는 교회 문화 때문에 신앙은 갖고 싶지만 교회는 오기 싫은 현상이 전도에 걸림돌이 되고 있다. 물론 술이 행복한 삶과 건강한 신앙에 적지 않은 해를 끼치는 것이 사실이지만 술 취하는 것과 술을 절제하고 마시는 것과의 차이를 구별해서 가르쳐야 하며, 성경에 기록된 하나님의 뜻에 어긋난다 하여 무조건 끊어야 하는 방법보다는, 신앙이 자라고 경건한 삶을 살다 보면 술이 주는 쾌락보다 성령님과 함께 하는 즐거움이 더 좋아져서 스스로 선택하게 될 때까지 양육하며 기다리는 것이 지혜로운 자세일 것이다. 그렇지만 적지 않은 우리나라 교회 지도자들의 태도나 교회의 문화는 이의를 제기하기가 그리 만만하지 않다. 술은 중독성이 있어 조금이라도 틈을 보인다면 술에 취해 방탕한 삶을 살게 된다는 그들의 지론을 설득하기가 어렵기 때문이다.

주일성수와 십일조에 대한 견해도 엄격하기는 마찬가지이다. 주일은 구약 시절 토요일에 지켜왔던 안식일에 대한 신약시대의 형태이다. 예수님이 십자가에 돌아가신 지 3일째 되던 날에 부활했음을 기념하여 주일로 지켜지고 있으나, 안식일처럼 율법으로 정해져 이를 범하면 돌로 쳐 죽이던 구약시대의 가혹한 시절과는 다르다. 주일은 일주일에 하루를 쉬면서 하나님께 예배를 드리고 예수님의 가르침을 묵상하고 배우면서 하나님께 모든 생각과 행위를 집중하는 날로 정하고 지키기를 원하는 개념이다. 그렇지만, 이날이 율법의 안식일처럼 꼭 주일이어야만 된다는 것은 아니다. 물론 주일에 정규예배가 드려지고 모든 교육이나 교회 행사의 초점이 맞추어져 있기에 가장 효율적이고 적합할 것이다. 그러나 주일이 아니면 절대 안 된다는 것은 아니다. 그보다 중요한 것은 하나님을 경외하고 경배하는 마음의 자세이다. 십일조에 대한 의무도 이와 다르지 않다. 믿음이 신앙의 행위로 드러나는 것도 사실이지만 형식적이거나 의무적으로 지켜질 수도 있음을 배제할 수 없다. 또한 형편이 어렵거나 상황이 여의치 못해 이를 지키지 못할 수도 있지만, 이를 너그럽게 이해하는 분위기를 우리나라의 교회에서 보기가 쉽지 않기 때문이다.

믿음이란 내용물을 담으려면 형식적인 틀도 필요하며 겉으로 드러난 행위를 통해서 연약한 신앙이 성장하는 도구로 사용되기도 한다. 그렇지만 믿음이 없는 신앙 행위는 아무런 소용이 없으며 믿음을 동반한 행위라야만 진정 하나님이 기뻐하시는 모습일 것이다. 이는 누구나 알고 있는 사실이지만, 실제로 이러한 모습이 교회에서 자연스럽게 가르치고 교인들이 직접 행동으로 옮겨야 한다. 그렇지만 믿음이 식었지만 행위를 통해서라도 이를 보이려는 경향이 교회에 팽배하거나 혹은 지나친 신앙의 열정을 보이기 위해 신앙 행위에 열중하는 이유이기도 하다. 물론 이러한 모습은 겉으로 드러나는 행위를 믿음의 잣대로 재는 그동안의 교회의 모습에서 자연스럽게 생겨나고 굳어졌을 것이다. 그렇지만 형식적이고 껍데기만 추구하는 신앙은 자유스러운 신앙생활에 무거운 짐만 되고 평안한 삶에 족쇄가 되고 있음은 두말할 나위 없다.

자유주의 신앙

필자가 장교로 임관해서 군대를 마치고 직장을 다니던 평신도 시절에 예비군 훈련을 하러 갔다가 겪은 일이다. 장교 출신은 연차에 상관없이 동원예비군이라 일주일간을 군부대에 가서 훈련에 참여하게 되었는데, 거기서 만난 선배는 유명 사립대 신학과를 나왔다고 소개하면서 담배를 꺼내 물었다. 술을 잘 마시는 것은 물론이다. 절제하면서 조금씩 마시는 술은 성경에서도 인정하고 있으며 담배는 성경에 언급이 되어 있지 않으므로 이에 대해 무조건 부정적으로 말하는 것에는 한계가 있지만, 술을 취하는 것을 성경에서 금하고 있으며 술은 중독 성향이 강한 데다 우리나라의 술 문화는 취하도록 마시는 것이 일반적이라 교회에서는 술에 대해 엄격하게 대하고 있던 터라 놀라움은 컸다. 그런데 그 선배는 필자의 놀라움을 눈치챘는지 술과 담배에 대해 성경적이고 신학적인 관점에서 친절하게 강의하기도 했다. 오래되어서 자세히 기억할 수는 없지만 우리나라 교회의 금욕적인 성향이 성경적인 것이 아니라는 내용이었다. 어쨌든, 그때 받은 충격은 생각보다 오래 남았다.

현대 교회는 친구 같은 예수님을 강조하고 자비로운 하나님만을 크게 부각한다. 예배 시의 목사의 설교도 죄악, 징벌, 책임 등의 단어보다는 사랑, 용서, 자비 등의 용어를 즐겨 사용한다. 대부분의 중견 교회에서는 담임목사를 주일 예배 때 단상에서의 설교로만 만나게 된다. 직장이나 사업 등으로 살기 바쁘거나 모임이 빼곡한 생활에서 주일예배 시의 한 시간을 신앙생활에 투자하는 것도 쉽지 않은 노릇이기 때문이다. 그래서 목사들은 그 시간을 통해 예수님을 알리고 성경을 소개하며 교회에 붙잡아 두는 모처럼의 기회라 여기기에, 좋으신 하나님과 친구 같은 예수님을 목이 터져라 외친다. 여기에 덧붙여서 축복과 성공, 질병의 치유, 자녀의 빼어난 학업 성적이나 가족의 만사형통 등의 덕담은 주일 하루 교회만 빠지지 않고 나오더라도, 오랜만에 친정집을 찾은 딸에게 바리바리 보따리를 챙겨주는 친정어머니의 선물처럼 늘 빼놓지 않는다. 그래서 이런 축복 설교에 귀에 못이 박힌 성도들은 자신의 죄와 허물에 대해 별로 죄책감이 없다. 아무리 잘못하더라도 자비로우신 하나님은 전부 용서해 줄 것이 뻔하기 때문이다. 그래서 이들이 세상에 나가면 성경에서 금하거나 하나님이 부정적으로 여기는 행동이라도 스스럼없이 행동한다. 부자가 되기 위해서는 뇌물과 불법적인 청탁을 물론이고 수단과 방법을 가리지 않고 돈을 모으려고 애쓴다. 또한 현대사회의 특징인 음란과 불륜에 대해서도 배우자에게 들키지만 않는다면 거부하지 않는다. 잘못이라고 알고는 있지만 단호하게 고집할 생각이 없으며 탐욕과 쾌락을 엄격히 통제해야 하는 당위성과 부작용에 대한 심각성을 깨닫지 못한다. 이들은 올바른 판단의 잣대를 제공해 주는 성경에 대해 무지하며 하나님을 천국의 티켓을 나눠주는 산타클로스 할아버지로 치부하고 있다.

율법의 틀에 갇혀 자유를 잃어버렸거나 금욕적이고 형식적인 신앙생활도 문제이지만 하나님의 뜻을 벗어난 자기중심적이고 자유 분망한 신앙의 태도는 더 큰 문제를 시사하고 있다. 쾌락과 탐욕에 빠져 하나님의 가르침을 거부하였다면 본인 자신이 응당 잘못 행한 책임을 짊어지겠지만, 교회에서 제대로 가르치지 않아 하나님의 뜻을 알지 못해 어긋난 신앙생활을 하고 있다면 이를 잘못 가르친 교회 지도자도 하나님의 책망에서 자유롭지 못할 것이다. 웅장한 교회 건물을 지어서 교계에 드러내고 싶거나 교세를 키워 대형 교회로 확장하고 싶어 하는 목회자의 욕심에서 비롯된 가르침은 온전한 하나님의 뜻을 가르치기보다 자비로운 하나님, 성공을 가져다주고 부자가 되게 하는 하나님만을 부각시키며, 잘못을 저지르면 벌하시는 하나님에 대해 알려주지 않아 마치 하나님을 자신의 목표를 이루게 해 주는 능력 있는 비서처럼 착각하게 만든다.

4장

신앙의 열정과
맹목적인 종교 행위를 구별하라

교회를 다니는 성도들은 대부분 두 가지 부류 중의 하나이다. 한 부류는 성경책만 달랑 들고 와서 겨우 주일예배만 참석한다. 이들은 집안의 종교적인 분위기에 마지못해 예배에 참석하거나, 한때는 뜨거운 열정이 있던 적도 있었지만 지금은 오랫동안 식은 상태로 형식적인 신앙 행위로 굳어져서 종교행사의 개념으로 참여한다. 또 다른 부류는 아주 열심히 교회에 다니는 성도들이다. 이들은 주일 아침이면 곤하게 자고 있는 자녀들을 깨워 교회학교 예배에 늦지 않도록 독촉해서 아침을 먹여 교회로 보내고, 교통기관이 불편한 이들을 위해 자신의 차로 운전해서 교회로 실어다 주며, 교회학교 교사로 봉사하여 학생들을 가르치고, 구역장의 임무를 맡아 담당 목회자를 섬기며 구역 식구를 보살핀다. 어디 그뿐인가, 담임목사의 심방에는 빠지지 않고 참여하며 교회의 행사나 프로그램에 솔선수범하여 궂은일을 마다하지 않고 열심히 봉사한다. 학교에서 이렇게 하였다면 졸업 시에 공로상을 받을 터이며 회사라면 사장의 신임을 받아 초고속 승진은 따 놓은 당상일 것이다. 그런데 본인이나 가족의 말을 직접 들어 보면 생각이 달라진다. 주일날은 온종일 아내나 어머니의 얼굴을 보지 못하는 것이 당연하게 여겨져 가족들은 주변 식당을 찾거나 냉장고에 차려놓은 것으로 식사를 때운다. 평일도 집에 있는 경우가 별로 없다. 교회 행사며 구역 일로 바쁘기 때문이다. 집안 청소며 세탁, 그리고 자녀들의 공부 등에 시간을 쪼개 관심을 보이지 못해 집안은 늘 어수선하고 엉망이어서 가족들은 대놓고 불평을 늘어놓는다. 교회 일을 열심히 하는 것은 좋지만 가정을 내팽개치다시피 하는 것에 짜증이 머리끝까지 올라와 있기 때문이다. 그런데 정작 본인의 말을 들어 보면 자신의 잘못만이 아니다. 하나님을 열심히 섬기고자 새벽기도며 구역예배까지 참석을 하다 보니 담임목사나 담당 전도사의 눈에 띄어 여러 직분이나 봉사를 맡게 된다. 이런저런 핑계를 대며 아무리 고사하여도 하나님을 앞세운 이들의 강력한 권유를 물리치기가 어려워 순종하는 맘으로 맡다 보면 자신도 감당할 수 없는 지경에 빠지게 되었다고 한다. 그런데 더 심각한 현상은 교회 일에 너무 시간과 에너지를 뺏겨 가정과 직장에 소홀히 하게 되는 것도 문제지만, 더 중요한 것은 하나님과 개인적으로 만나는 깊은 기도와 말씀 읽기, 묵상에 많은 시간을 내질 못한다는 사실이다. 교회 일을 더 열심히 하면 할수록 영성은 더 떨어지고 평안은 사라진다. 이는 남들이 알 수 없는 은밀한 부분이지만, 이러한 시간이 오래되면 될수록 겉으로는 열심 있는 신앙인이지만 정작 내면의 영혼의 세계는 피폐해져 간다. 결국은 하나님과의 깊은 교제에서 얻어지는 평안과 기쁨은 사라지고 형식적이고 껍데기뿐인 신앙 행위만이 남아있게 된다.

주께서 대답하여 이르시되 마르다야 마르다야 네가 많은 일로 염려하고

근심하나 몇 가지만 하든지 혹은 한 가지만이라도 족하니라 마리아는

이 좋은 편을 택하였으니 빼앗기지 아니하리라 하시니라(눅 10:41~42)

예수님과 제자들이 마르다와 마리아자매의 집을 방문했을 때 마르다는 귀한 손님들을 잘 대접해야겠다는 마음으로 부엌에서 눈코 뜰 새 없이 바쁘게 일하고 있지만, 동생인 마리아는 이런 사정에 아랑곳하지 않고 예수님의 발치에서 턱을 괴고 청종하고 있을 뿐이다. 참다못한 마르다는 예수님에게 동생으로 하여금 바쁜 언니를 도우라는 부탁을 드렸을 때 하신 말씀은 우리의 상식적인 기대와는 달리 이에 상관하지 않으신다. 동생 나사로를 살려주신 예수님이 집에 오셨는데 정성껏 대접하는 일은 지극히 당연한 것이 아닌가? 이보다 더 중요한 것이 무엇이 있는가? 그렇지만 예수님의 생각은 다르다. 교회에서 예배하고 봉사하는 일로 섬기는 일은 중요한 일이며 누구나 해야 하는 일이다. 그렇지만 열심히 하는 것도 필요하지만 지혜롭게 우선순위를 정해서 실행해야 오랫동안 평안한 가운데 기쁨으로 할 수 있을 것이다. 그렇지만 이보다 앞서 중요한 일은 개인적인 영성을 위한 시간에 할애하는 일이다. 깊은 기도와 성경 읽기에 충분한 시간을 두지 않는다면 성령이 함께하시며 이끄시는 사역이나 봉사를 하기가 어렵다. 내 힘과 능력으로 해야 하게 된다면 오래가지 않아 불평과 짜증만이 나올 것이다. 교회를 섬기는 일은 하나님의 은혜로 해야 하며 이를 위해서는 개인적인 영성훈련을 위한 시간이 가장 중요하다. 새벽 시간이나 밤늦은 시간, 혹은 오전 시간을 정해두고 조용한 장소에서 할 수 있다면 더욱 집중하기가 쉬울 것이다. 필자의 경험으로는 매일 1시간에서 3시간 정도 이러한 시간이 필요하다고 본다. 그리고 교회 일을 열심히

하는 것도 중요하지만 가정이나 직장, 사업에 소홀히 해서는 안 된다. 새벽기도에 참여하기 위해 일찍 일어나는 것은 좋지만, 직장에서 졸고 있다면 어느 상사가 좋아하겠는가? 새벽 기도회에 참석하려면 텔레비전과 컴퓨터를 끄고 일찍 잠자리에 들어야 한다. 수요예배나 금요 철야 예배, 토요모임에 참석하려면 직장이나 사업에 차질이 없도록 철저하게 미리 준비하는 것은 당연하다. 예배에 열심히 참석하였다고 자신이 할 일을 하나님이 대신해 주시는 것은 아니다. 그런데 이러한 상식적인 행위도 맹목적인 믿음을 앞세우면 판단력이 흐려진다. 필자는 어떤 집사가 만사를 제쳐두고 교회 일을 열심히 하다 보니 자녀가 알아서 공부해서 명문대학에 합격했고 자연스레 남편의 사업체가 엄청나게 성공했다는 내용의 간증을 들은 적이 있다. 물론 개인적인 경험이니까 왈가왈부하고 싶지는 않지만, 필자는 너무 많은 교회 일을 맡아 하다 보니 가정에 소홀해 가족들의 불평과 불만이 폭발할 지경이며 직장에서 문제가 발생하고 사업체의 경영이 악화되었다는 상담을 더 많이 들어 보았다. 예배에 빠지지 않거나 봉사를 열심히 한다고 해서 직장이나 사업을 성공하게 해 주신다는 말씀을 성경에서 찾아보지 못했다. 하나님은 자신이 세운 노동의 원칙을 세상에 적용하고 이를 토대로 다스리신다. 아내라면 가정을 소홀히 해서는 안 되며 직장에서 월급을 받고 있다면 주어진 시간을 최선을 다해서 일해야 할 것이다.

그렇다면 남은 시간에 어떻게 풍성하게 열매를 맺도록 하나님의 일을 할 것인가? 사실 이것은 쉬운 일이 아니다. 평생 고민하며 기도해야 될 만큼 만만치 않다. 많은 일을 맡는 것이 중요한 것이 아니라 한 가지 일이라도 집중적으로 할 수 있도록 시간과 에너지를 효율적으로 사용하여야 한다. 두 가지 일을 효율적으로 하려면 세심하게 고려해서 시간을 배분하고 철저히 준비할 수 있어야 한다. 교회학교 교사 하나만 하더라도 적지 않은 시간과 에너지가 필요하다. 여러 직분을 함께 맡았다면 모두에게 집중력을 쏟기가 어려울 것이며 풍성한 열매를 기대할 수가 없다. 또한 교회의 일은 하나님의 지혜와 능력을 받아야 많은 열매를 맺을 수 있다. 그렇다면 오랜 시간의 기도와 성경 연구가 필요하다. 많은 교회 일을 맡는 것이 좋은 일꾼이 아니라 풍성한 열매를 맺는 것이 충성된 일꾼이라고 성경은 말한다. 또한 하나님은 교회에서 하는 일만이 귀중한 일이고 세상일보다 더 우선해야 한다고 말씀하지 않으셨다. 전도를 하려면 교회가 아니라 세상 밖에 나가서 믿지 않은 세상 사람들과 친하게 지내는 시간도 필요하고 그들의 마음을 얻기 위해서는 그들의 관심사를 배우는 노력도 있어야 할 것이다. 교회에서 예배드리는 행위와 사업장이나 직장에서 일하는 것 중 어느 것이 더 귀한 것인가? 정답은 둘 다 귀하며 필요하다. 평신도의 사역지는 교회가 아니라 각자 자신이 몸담고 있는 직장이나 사업장이다. 그곳에서 오랫동안 열정을 쏟아 복음의 씨를 뿌리고 김을 매며 물을 주었을 때 풍성한 열매를 맺을 수 있다.

버티기 어려운 헌금의 짐

열심히 교회를 섬기는 열정적인 성도들의 재정에서 교회에 드리는 헌금은 수입의 십 분의 일인 십일조를 비롯해서 주일헌금, 감사헌금, 건축헌금, 선교헌금 등을 다 합산하면 수입의 20%는 보통이고 30%가 넘는 경우도 적지 않다. 노동의 열매를 넘치도록 맺게 해 주신 하나님의 은혜에 감사해서 기꺼이 드렸다면 기쁨과 평안이 넘치겠지만, 많지 않은 수입에 자녀들의 사교육비와 아파트 대출이자로 허리가 휠 정도이며 도시의 살인적인 물가는 하늘 높은 줄 모르고 치솟아 월급을 받는 즉시 통장으로 빠져나가 언제나 지갑은 먼지만 풀풀 나는 처지이다. 그래서 자녀 대학 학자금을 위한 저축은 차치하고 자신들의 노후대책도 별로 없는 처지에서 교회에 드리는 각종 헌금의 액수는 버티기 어려운 짐이 되어 평안한 삶을 위협하고 있다. 게다가 성전 건축을 위한 특별 헌금까지 모금한다면 빚을 내서라도 드려야 하나? 아니면 이참에 교회를 떠나야 하나를 심각하게 고민하게 된다. 물론 목사님은 설교 때마다 여러 성경 말씀을 인용해서 하나님께 드리면 수십 배로 축복해 주셔서 넘치도록 재정을 채워 주신다고 강조하지만, 오랫동안 교회에 다니면서 들어온지라 귀에 못이 박혀 별로 마음에 와 닿지도 않는다. 개신교와 뿌리가 같은 가톨릭교회는 십일조를 삼십 분의 일만 드린다는 데 왜 우리만 십 분의 일이며, 다른 교회에서는 돈 이야기도 별로 없다는데 유독 우리 교회만 헌금을 지나치게 강조하며 부담을 주는지 생각만 하면 머리가 갑자기 아파진다. 그렇다고 오랫동안 몸담은 교회를 훌쩍 떠날 수도 없는 노릇이고 예수님의 제자로 살고자 한다면서 돈에 대해 집착하는 것 같은 자신을 바라보면 서글퍼지기도 한다.

사실, 수입의 십 분의 일인 십일조를 떼어 교회에 드리고 남은 금액으로 가정을 꾸려 나가는 것도 힘들다. 십일조를 드리는 대신 저축해서 불린다면 아마 노후대책은 걱정 안 해도 될 것이다. 그렇지만 십일조 생활은 신앙을 지탱해 주는 중요한 요소라 빼놓을 수도 없는 노릇이다. 그렇기에 십일조 생활을 하려면 절제와 자족하는 생활이 몸에 배야 한다. 남들 쓰는 만큼 다 쓰고 생활한다면 언제나 재정 상태가 빈곤할 것은 분명하다. 수입의 십 분의 일만큼 덜 쓰고 더 검소하게 살 것을 결심해야 한다. 절제는 성령의 열매이며 가진 것에 만족하는 생활은 평안한 삶에 튼튼한 기초이다. 과도한 소비를 강조하고 충동구매를 유혹하는 각종광고나 마케팅의 공격은 황금만능의 물질주의의 산물이다. 여기에 따른 각종 신용카드 회사와 대출을 주로 하는 금융기관은 돈이 주인인 자본주의 사회의 중요한 도구이다. 돈이냐 하나님이냐? 성경에서 둘 중의 하나를 선택할 것을 강요하는 것은 돈 뒤에 숨은 사탄의 어두운 그림자가 있기 때문이다. 그러므로 십일조에 외에 적지 않은 금액인 선교나 건축을 위한 헌금을 드리려면 평소에 이러한 목적의 헌금을 위해 미리 마련한 돈으로 드리거나 예비비를 책정해서 드려야 한다. 부흥회의 분위기에 고조되거나 예배 시에 아무런 대책 없이 충동적으로 결심했다면 힘들고 고단한 선택을 자초한 것이다. 물론 재정이 어렵더라도 기쁘고 즐거운 마음으로 기꺼이 감수하고 드릴 수 있는 믿음이 있다면 아름다운 헌금이 되어 의의 열매를 풍성히 맺을 것이다. 그렇지만 처음의 의도와는 달리, 마지못해 드리거나 억지로 드리는 헌금이 된다면 하나님이 받아들이지 않는 것은 물론이요, 생활에 짐만 되는 아깝고 불쌍한 돈이 되어 지갑에서 사라질 것이니 얼마나 안타까운 일인가?

교회에 필요한 사역이나 봉사를 하거나 하나님이 기뻐하시는 헌금을 드리는 자세의 기본은 즐거운 마음으로 자발적으로 시행하여야 한다. 아무리 좋은 목적으로 하는 신앙 행위라도 평안한 마음으로 꾸준히 하려면 이를 뒷받침 해 주는 견고한 믿음이 있어야겠고 성경적이고 균형 잡힌 재정관이 필요하다. 이를 위해서 하나님의 뜻을 아는 판단력과 통찰력을 갖추기 위한 해박한 성경 지식과 더불어 하나님과의 친밀한 교제와 성령님과 늘 함께 하는 생활 태도가 현실의 삶 속에서 배어 나와야 할 것이다. 한 순간의 감정에 의해 쉽사리 결정하거나 자발적이 아니라 타의에 의해 마지못해 하는 것이라면 자신은 물론이거니와 같이 사는 가족들도 함께 걸머지는 무거운 짐이 되어 평안한 삶에 두고두고 걸림돌이 될 것이다.

5장

죄와 싸워 이겨라

　이 시대의 우리네 교회에서는 죄에 대한 가르침이 현저하게 줄어들었다. 왜냐면 지금의 신앙생활로 구원을 얻게 되었으며, 이 땅에서 얻게 된 축복만을 말하면서 교회 마당을 밟고 있기 때문이다. 그런 교인들에게 죄를 지으면 지옥불로 던져진다는 설교를 할 수 없다는 것은 당연하지 않은가? 그래서 목사들의 설교를 들어보면 덕담이나 격려, 위로, 축복 등을 마구 쏟아부어 주며, 마치 귀를 간질이는 말의 경연장이 된 것 같은 착각을 일으킬 정도이다. 교인들도 그런 은혜로운(?) 덕담을 듣는 설교에 익숙해져서, 정죄나 회개, 지옥과 심판과 같은 주제의 설교를 하는 목회자들을 교회에서 내쫓고 발을 붙이지 못하게 하고 있다. 그러나 죄를 외면하고 덮어둔다고 해서 죄가 없어지는 것은 아니다. 죄의 결과로서 정신질환이나 고질병, 성인병에서 고통받고 있고, 가정은 황폐해지고 찢어지고 있으며 가족들 간에는 대화가 없고 사랑이 식어가고 있다. 하는 일마다 열매가 없고 각종 불행한 사건사고로 삶이 엉망진창이 되어 가고 있다. 그래서 영혼은 갈수록 메말라지고 냉랭해지고 있다. 이런 상황이 바로 죄로 인해 영혼과 삶이 병들고 죽어가고 있는 현상이다. 그러나 죄를 인지하고 싸우려 하지 않고, 지은 죄를 회개하여 씻음을 받지 못하면서 날마다 죄를 밥먹듯 짓고 있으니 삶이 황폐해지고 영혼이 피폐해지는 것은 당연한 일이다.

그러나 우리 영성학교 공동체 식구들은 자신에게 성령이 거주하지 않으며, 구원을 받을 만한 믿음의 증거가 없다는 것을 받아들이고 성령이 내주하는 기도훈련을 하고 있다. 그렇게 6여 년의 시간이 지나서 쉬지 않고 전심으로 기도하는 습관을 들인 식구들도 적지 않다. 그러나 여전히 성령이 내주하는 내공에 이르지 못하고 있는 이들도 허다하다. 이 같은 상황이 필자가 마주한 딜레마이기도 하다. 아직 하나님이 원하시는 기도의 습관을 들이지 못했다면 좀 더 시간을 두고 지켜보아야 하겠지만, 이제는 기도의 양이 적지 않았다면 그 원인은 딱 한 가지이다. 바로 죄와 잘 싸우지 못하고 있다는 것이다.

아시다시피, 성경에서 말하는 죄는 하나님이 싫어하는 모든 생각이나 성품, 말과 행동을 총망라하는 단어이다. 그러나 대부분의 교인들은 현행법을 위반하는 죄나 도덕적으로 비난받을 만한 죄만을 죄로 간주하는 경향이 있다. 그래서 죄를 인지하지 못하는 경우가 허다하다. 성경에서 말하는 죄는 자기 멋대로 산 인생, 하나님께 맡기지 못한 믿음, 거룩하게 살지 않은 것, 온전한 믿음이 없는 것 등도 죄라고 선포하고 있지만, 이러한 죄의 범주는 우리네 교회에서 가르치지 않기에 인지하지 못하는 경우가 허다하다. 그러나 영성학교에 오면 이 죄에 대해 철저하게 훈련받고 있으므로, 죄를 인지하지 못해서 방치해서 걸려 넘어지는 일은 별로 없다. 죄에 대해 모르지 않지만, 죄와 잘 싸우지 못해서 짓는 경우가 허다하다. 남자들이 잘 짓는 죄는 짜증이나 화를 내는 죄이다. 특히 아내나 자녀 등 만만한 가족들에게 이런 죄를 짓고 있다. 소리를 지르거나 언어폭력, 혹은 물리적으로 폭력을 행사하지 않고 미워하는 생각만 품어도 죄이다. 또한 돈과 명예 등 세상에서 잘되고 성공하려는 생각에 잘 넘어진다. 또한 음란한 생각에 자주 넘어간다. 지금은 스마트 폰으로도 은밀하게 음란물을 볼 수 있으므로 음란한 생각이 들어오는 통로가 무척이나 넓다. 여자들은 남자보다 연약하므로, 걱정이나 염려, 불안이나 두려움, 의심이나 좌절, 절망 등의 부정적인 생각을 하는 죄를 자주 짓는다. 또한 쇼핑에 정신을 빼앗기고 럭셔리한 라이프 스타일을 채우려는 탐욕과 방탕함의 죄에 잘 넘어간다. 청소년이라면 게임 중독이 되거나 음란물을 통해 죄를 짓고, 부모 등의 어른들에게 반항하는 죄, 또는 거친 말이나 욕 등을 내뱉는 죄에 노출되어 있다. 어떤 죄라도 생각으로 들어온다는 것을 잊지 말라. 그러므로 죄를 짓게 하는 생각이 들어오면 즉시 빠르게 예수피를 외치면서, 죄를 넣어주는 생각이 사라질 때까지 전심으로 축출하는 기도를 해야 한다. 이 때 중요한 것은 죄를 빠르게 인지하고 즉시 쳐내기 시작해야 한다는 것이다. 그러나 인지가 늦어서 이미 생각으로 받아들인 뒤라면 쳐내기가 무척이나 어렵다. 고수는 빨리 인지하고 반사적으로 기도를 시작하는 사람이고, 하수는 언제나 늦게 인지해서 기도가 늦어지는 사람이다. 빨리 인지한 사람과 늦게 인지한 사람의 차이는 죄를 짓게 하는 생각이 사라지는 속도에 있다. 빨리 인지해서 치면 비교적 빨리 사라지지만, 늦게 인지하면 기하급수적으로 늦어진다.

그러나 그게 전부가 아니다. 고수는 죄를 넣어주는 생각이 말끔하게 사라질 때까지 악착같이 기도하지만, 하수는 기도하다가 생각이 사라지지 않으면 실망하고 좌절에 빠져 더 이상 기도를 포기한다. 귀신의 목적은 죄를 짓게 하는 것이지만, 궁극적인 목적은 실망하고 좌절해서 자포자기하는 것이다. 사실 죄를 지으면 철저하게 회개하여 죄 씻음을 받으면 된다. 그래서 다시 일어나서 죄와 싸우는 기도를 하면 된다. 그러나 좌절하고 낙심하고 절망한다면 기도하는 것을 포기하게 만든다. 그러므로 귀신들은 가장 치명적인 죄인 낙담과 절망에 사로잡혀서 절벽에 떨어뜨리게 해서, 다시는 하나님을 만나는 기도를 하지 못하게 하려고 집요하게 공격하는 것이다.

사망아 너의 승리가 어디 있느냐 사망아 네가 쏘는 것이 어디 있느냐 사망이 쏘는 것은 죄요 죄의 권능은 율법이라(고전 15:55, 56)

예수께서 그들에게 항상 기도하고 낙심하지 말아야 할 것을 비유로 말씀하여(눅 18:1)

너희가 피곤하여 낙심하지 않기 위하여 죄인들이 이같이 자기에게 거역한 일을 참으신 이를 생각하라 너희가 죄와 싸우되 아직 피 흘리기까지는 대항하지 아니하고 또 아들들에게 권하는 것 같이 너희에게 권면하신 말씀도 잊었도다 일렀으되 내 아들아 주의 징계하심을 경히 여기지 말며 그에게 꾸지람을 받을 때에 낙심하지 말라(히 12:3~5)

영원한 사망은 죄로부터 오며, 죄의 능력은 율법에서 비롯된다. 귀신들은 모든 사람으로 하여금 율법은 어차피 다 지키지 못한다는 부정적인 생각을 넣어주어 두려움과 공포에 사로잡히게 만들어서 실망과 좌절에 빠지게 하는 것이다. 그래서 예수님은 기도를 할 때 절대로 낙심하지 말아야 한다는 것을 비유로 말씀하시면서, 불의한 재판관에게 찾아가서 소원을 이룬 가난한 과부의 비유를 해 주셨다. 그러나 기이하게도 이 비유를 마치면서, 인자가 다시 올 때 믿음을 보겠느냐는 불길한 예언도 해 주셨다. 예수님이 재림하실 때 낙심하지 않는 믿음을 가진 사람들을 보기 힘들 거라는 말씀이다. 예수님께서 징계하실 때도 우리의 구원을 위함이며, 아무 죄가 없는 하나님께서 우리 같은 죄인을 위해 십자가의 고통을 달게 받으신 이유이다. 그러므로 어떤 고난과 역경이 오더라도 절대로 낙심해서는 안 되는 것이다.

그러므로 죄를 넣어주는 생각이 들어올 때는 말끔하게 사라질 때까지 한 시간이고 두 시간이고 집중적으로 싸워야 한다. 치열하게 싸워서 없어졌다고 하더라도, 다시 들어오면 또 그렇게 반복해야 한다. 그래서 내공이 쌓이면 귀신들의 공격이 약해지고 뜸해질 것이다. 그러나 싸울 때마다 쉬이 낙심해서 포기한다면 절대로 이길 수가 없다. 이 싸움의 승패는 자신의 의지나 싸우는 힘에 있는 것이 아니라 예수 그리스도의 보혈의 능력에 있다. 예수님의 보혈이 능력이 없는 게 아니라 믿음이 부족하기에 전심으로 맡기고 끝까지 인내하지 못한다. 이 싸움은 처음부터 하나님께서 지켜보고 계시다. 그래서 끝까지 낙심하지 않고 싸우려는 믿음을 가진 자녀에게 나타나셔서 도와주시고 귀신의 공격을 몰아내 주시는 것이다. 이

것이 죄와 싸워 이기는 비결이자 영적인 비밀이다.

6장
경건의 습관을
몸에 배게 하라

    요즘 미국 프로 무대인 PGA에서 좋은 성적으로 국위를 드날리는 최경주 선수의 고향은 남해안의 섬인 완도라고 한다. 중학교 시절에 학자금 없이 등록금으로 공부를 할 수 있다는 말에 역도선수로 시작한 운동은 고등학교 때 체육 선생님의 권유로 골프로 종목을 바꾸었지만, 지도해 주는 코치도, 변변한 골프장도 없는 환경에서 미국의 프로선수였던 잭 니콜라우스의 골프 교본을 읽어가며 둘러보아도 온통 모래뿐인 바닷가 백사장에서 골프채를 휘둘렀다고 한다. 모래 구덩이는 모든 골프장의 어려운 장애물로 설치하여 여기에 공이 빠지면 아무리 잘 치는 선수라도 몹시 힘들어하며 겨우 빠져나오기에 급급하다. 그런데 최경주 선수는 이 모래 러프에서 아주 유능한 선수로 이름을 날리고 있다. 이는 모래 구덩이에 공이 빠져도 벌타 없이 원하는 그린에 잘 올리는 능력을 갖췄기 때문이다. 그래서 골프 황제로 추앙받는 타이거 우즈마저도 한 수 가르쳐 달라고 했다고 한다. 도대체 어디서 이러한 능력을 얻었을까? 어린 시절 고향의 모래밭에서 하루 종일 골프공을 치던 시절에서 배웠을 것이다. 골프장이 온통 모래밭이므로 어디서 치든지 모래를 퍼 올리며 쳐야 했기에 모래와의 싸움에 아주 익숙해질 수밖에 없었으리라. 어쩔 수 없는 최악의 환경에서의 훈련이 이제 와서 세계적으로 유명하게 되는 능력을 제공해 주었으니 참 놀랍고 아이러니한 일이다. 필자는 인간 승리의 표본으로 최경주 선수를 말하고 있는 게 아니라, 아무리 어려운 환경이라도 힘든 훈련을 참고 견디며 좋은 습관을 들이게 된다면 훗날 성공의 디딤돌이 되는 토대를 마련해 준다는 것이 모든 사람의 삶에 적용되는 하나님의 원칙이라는 것을 밝히고 싶다.

경건의 훈련이란 무엇인가?

> 망령되고 허탄한 신화를 버리고 오직 경건에 이르기를 연습하라.(딤전 4:7)

우리가 쉽게 접하는 '연습'이란 말은 실전에 대비해서 훈련하는 것을 단순하게 말하지만, 위 성경에 쓰인 '연습'의 의미는 고대의 올림픽경기나 고린도의 이스미안 경기를 위해 참가자들이 죽기를 각오하고 피나는 훈련을 했던 사실을 염두에 둔 표현이다. 그 당시에 참여한 선수들은 간혹 자유인도 있었지만 대부분 노예들이었다. 노예들은 이 경기에서 우승하고 월계관을 받는다면 자유를 보장받을 수 있는 유일한 탈출구였으므로 목숨을 걸고 싸워야만 했다. 단지, 명예와 부를 얻는 지금의 선수들과는 경기에 임하는 각오가 다를 수밖에 없다. 자신의 생명과 인생의 모든 것이 여기에 달려 있었기 때문이다.

목숨을 바치고 훈련을 해야 했던 경기종목의 선수들과 마찬가지로, 바울 사도가 그토록 훈련하기를 원했던 종목은 '경건'이라는 인생의 종목이다. 경건은 하나님을 예배하는 것처럼 일상의 생활을 추구하는 선한 삶의 태도를 말한다. 이 말 속에는 하나님을 두려워하며 경배하는 뜻이 담겨져 있다. 또한 하나님의 거룩한 성품을 닮아가며 구원의 은혜를 베푸신 하나님께 뜨거운 사랑과 충성을 드리는 것이기도 하다. 이는 크리스천이라면 누구나 다 아는 것이지만 실천하는 것은 쉽지 않다. 왜냐하면 사람들이 얻기를 원하는 마음이 있다는 것과 실행에 옮기는 것은 다르기 때문이다. 성공이나 부를 추구하며 물질적으로 풍부한 삶을 원하는 대부분의 사람들은 금욕의 냄새를 풍기며 하나님을 두려워하는 맘으로 자신의 뜻과 너무 동떨어진 절제나 자족, 오래 참음 등의 성품이나 불쌍히 여김, 구제 등의 이타적인 생활태도를 좋아할 리 없다. 그렇기에 알고는 있지만 실행에 옮기는 이는 소수에 불과하다. 그래서 생명으로 가는 길이 좁은 이유이기도 하다. 어쨌든 하나님의 자녀로서 예수님의 제자로서 하나님의 뜻을 기꺼이 실행코자 하는 이들에게도 이러한 경건의 삶의 태도는 원하기만 하면 쉽게 얻어지는 것이 아니다. 그러기에 하나님의 뜻을 펼치고자 원했던 적지 않은 제자 지망생들이 낙방하고 실망스럽게 돌아서야만 했다. 소수이긴 하지만 혹독한 훈련을 참고 견디며 경건의 경지에 오른 이들은 놀라운 선물을 받았다. 하나님이 기뻐하시는 제자라는 칭호가 가슴속에 번쩍이게 되었고, 하나님이 삶 속에 늘 동행해 주시어서 평안하고 형통한 인생으로 즐겁고 행복하게 살게 되었던 것이다.

경건의 훈련은 평안한 삶의 척도이다

누구나 평안한 삶을 원하지만 경건에 대해 잘 알지 못한다. 길에 나가 누구든 붙잡고 평안한 삶을 영위하고 있냐고 물어보라. 누가 고개를 끄덕일 것인가? 검은 양복을 차려입은 운전기사가 모는 고급 외제 차의 뒷좌석에 몸을 파묻고 있는 재벌 회장일까? 아니면 빼어난 몸매와 예쁜 얼굴로 방송가의 인기를 독차지하고 있는 미모의 탤런트일까? 외국 유명대학의 박사 학위를 취득하고 명문대학에서 가르치는 교수일까? 그들은 많은 부를 누리거나 누구나 부러워하는 미모 혹은 세계를 놀랄 만한 지식을 가지고 남부럽지 않게 살고 있는지는 모르나 평안한 삶을 살고 있다고 생각하지 않을 것이다. 그보다는 속세를 버리고 깊은 산중에서 도를 닦는 노승의 뒷모습이나, 가스도 수도도 없이 문명의 혜택이라고는 별로 없는 산골짜기의 시골구석에서 평생 밭을 일구며 삶을 이어가는 촌로의 쪼글쪼글한 얼굴에서 묻어나지 않을까? 이들은 우리가 추구하는 돈이나 명예, 권력과는 전혀 상관이 없는 사람에 불과할 뿐이다. 그런데 왜 우리는 이들을 먼저 떠올리게 되는 것일까?

이들은 세상의 물욕을 버렸거나 돈의 유혹이 미치지 않는 곳에서 때묻지 않은 심성을 가지고 자연에 파묻혀 동화되어 살고 있기에, 그들의 얼굴에서는 이름 모를 들풀의 향긋한 냄새가 나거나 그들의 옷자락에서는 맑은 산새의 울음소리가 들릴 것이다. 그렇지만 우리는 도시를 떠나지 못했으며 사랑하는 부모형제의 품을 도망치듯 벗어나 영혼의 고향을 찾는 수도자처럼 용기 있게 살지 못한다. 번잡한 도시의 좁은 아파트에서 쳇바

퀴를 도는 다람쥐처럼 직장과 가정을 매일처럼 반복하고 있는 중년의 소시민일 뿐이다. 수억대의 돈이 아니더라도 발을 뻗고 누울 집과 자녀를 가르치며 가족을 먹여 살리는 일에도 힘겨워하는 무능하고 무기력한 서민에 불과하다. 불황의 끝이 안 보이는 나라의 경제와 노동력이 점점 사라지는 자신을 불안스럽게 바라보며 버티고 있는 것도 쉽지 않은데, 평안한 삶을 추구하는 것은 자신에게는 맞지 않는 사치스러운 욕심일지도 모른다. 눈을 뜨면 산새와 들꽃이 친구가 되어주는 자연 속에서 살지는 않지만, 욕심 없는 삶을 추구하며 경건의 훈련을 쌓아간다면 오르지 못할 나무는 아니다. 어떻게 보면 번듯한 학력이 필요 없고 돈도 없어도 되며 누구나 마음만 먹는다면 할 수 있는 일이라면 나름대로 쉬운 일이라고 생각할 수도 있다. 단지 평안을 추구하는 간절한 마음이 먼저 있어야 할 일이다.

> 육체의 연습은 약간의 유익이 있으나 경건은 범사에 유익하니 금생과
> 내생에 약속이 있느니라(딤전 4:8)

경건이 주는 유익은 우리가 이미 겪어보지 못한 놀라운 것들이라고 성경은 말한다. 경건의 연습을 통하여 현재의 삶에서 생명을 얻을 뿐만 아니라 영생을 얻을 수 있다고 하니 이보다 더 좋은 것을 어디서 찾을 수 있겠는가? 우리가 경건의 힘을 깨닫지 못한 것은 세상이 주는 쾌락에 빠져 이를 제대로 볼 판단력을 갖추지 못했기 때문이며, 이미 잘못된 것을 깨달을 때는 안타깝게도 너무 늦어 다시 시작할 기회를 얻지 못하는 경우가 허다하다. 경건은 영원한 삶으로 인도해 주는 안내자로도 충분히 가치를

인정받지만, 현재의 삶을 평안으로 채워주는 신비한 힘이 있다. 물론 그 능력은 하나님으로부터 공급되지만 오랜 훈련을 통해서 습관으로 밸 수 있다면 하나님 나라의 비밀을 아는 놀라운 능력의 소유자가 될 것이다.

참된 경건의 습관이 몸에 배게 하려면

건강을 유지하려면 골고루 영양분을 섭취하며 적당한 휴식을 취해 쌓인 심신의 스트레스와 피로를 풀어주며 규칙적인 운동을 통해 노폐물을 배출하며 근육을 단련하며 심폐기능을 강화시켜야 한다. 그래서 현대인의 소망은 건강한 삶을 유지하는 것이다. 그렇지만 이러한 지식을 모르는 이는 별로 없다. 몸에 좋은 보약이라면 아무리 흉측한 벌레라도 개의치 않으며 엄청난 돈을 들여서라도 사 먹지만, 돈도 그다지 필요 없으며 손쉽게 할 수 있는 운동은 쳐다보지도 않는 이들이 적지 않다. 돈만 있다면 비싼 보약을 먹는 것은 어렵지 않지만 땀을 뻘뻘 흘리며 숨이 턱에 차는 힘든 운동을 꾸준히 하는 것은 어렵기 때문이다. 그래서 헬스장이나 수영장은 회비를 내고도 포기하는 일이 많지만, 뱃살을 줄여준다는 약을 먹거나 누워서 잠자고 있는 동안에 저절로 살을 빼 준다는 손쉬운 처방을 앞세워 검증되지 않은 상술이 날로 기승을 부리고 있다. 그렇지만 우리가 세상을 살아가면서 경험으로 체득한 변치 않는 원칙 중의 하나는 세상에는 공짜가 없다는 것이다. 특히 경건의 습관을 들이는 훈련은 삶에 엄청난 유익을 주지만 이를 몸에 배게 하는 것이 만만치 않기 때문이다. 그렇지만 불가능한 것은 아니다. 크리스천이라면 누구나 간절히 원하는 마음을 유지하고 애쓰며 노력한다면 우리를 도와주기를 원하는 성령님이 놀라운 능력을 주셔서 달인의 경지에 다다를 수 있도록 도와주실 것이다.

• 세속에 물들지 말라

하나님 아버지 앞에서 정결하고 더러움이 없는 경건은 곧 고아와 과부를 그 환난 중에 돌보고 또 자기를 지켜 세속에 물들지 아니하는 그것이니라(약 1:27)

'세속(世俗)'이란 하나님이 없는 세상과 그 풍속을 말하며, 세상은 죄악의 영향 아래 있기에, 그 속에 있는 인간들은 죄악에 오염되어 있다고 성경은 말한다. 세속적인 사람들의 특징은 돈을 사랑하며 자신을 사랑하고 쾌락을 추구하는 모습을 보여준다. 특히 돈을 사랑하며 부자가 되고 싶어 하는 모습은 황금만능의 물질주의 문명의 포로가 된 현대인의 특징을 적나라하게 보여준다. 안타깝게도, 하나님의 자녀로 자처하는 크리스천도 예외는 아니다. 교회에서는 기복신앙이 소리 없이 스며들어와 믿음과 성령을 앞세우며 축복과 성공의 신인 양 하나님을 소개한다. 마치 부자가 되게 해 준다는 이방의 재물신과 다를 바가 없다. 그래서 예배 때마다 성도들의 기도 제목의 우선순위는 재정의 축복과 성공이다. 믿음이 좋다는 청년들도 엄청난 액수의 십일조를 약속하며 부자를 소망하고, 하나님의 뜻을 시행하는 직업을 얻기보다 고소득의 직업이나 안정적인 수입을 보장해 주는 공무원이나 교사를 소원한다. 예수님의 기뻐하는 제자로서 하나님의 뜻을 행하기보다는 큰 부자가 되어 떵떵거리며 살고 싶은 까닭이다. 이러한 청년의 모습은 교회에서 배운 신앙 선배들의 모습을 배워 본받은 탓이리라. 어쨌든 돈을 쫓고 쾌락을 추구하는 세상의 풍습을 버려야 경건의 첫걸음을 뗄 수 있다. 깨끗한 부자가 될 수 있다고 속삭이거나 부자가 되어 구제나 선교 사업을 하면 하나님도 기뻐할 것이라는 유혹에 귀를 기울이지 말라. 하나님은 가난하거나 부족해서 당신의 재정적인 도움을 바라는 신이 아니다. 세상은 그분의 것이고 세상 재물은 그분의 소유이다. 당신의 쩨쩨한 돈을 바라는 거지로 하나님을 깎아내리지 말라. 하나님은 당신의 돈이 필요한 것이 아니라 당신의 견고한 믿음과 깨끗한 성품을 원하고 있다. 먼저 이러한 모습을 보여준다면 하나님은 하늘 곳간을 열고 엄청난 재산이 들어 있는 금고 열쇠를 당신의 손에 맡겨줄 것이다. 그렇기에 아무리 세상의 풍조가 좋아 보이고 세상의 유혹에 이끌리더라도 단호하게 눈을 감고 마음을 접어야 한다.

> 큰 집에는 금 그릇과 은그릇뿐 아니라 나무 그릇과 질그릇도 있어 귀하게 쓰는 것도 있고 천하게 쓰는 것도 있나니 그러므로 누구든지 이런 것에서 자기를 깨끗하게 하면 귀히 쓰는 그릇이 되어 거룩하고 주인의 쓰심에 합당하며 모든 선한 일에 준비함이 되리라(딤후 2:20~21)

하나님의 귀한 쓰임을 받는 도구가 되려면 자신을 깨끗하게 하는 마음의 자세가 필요하다. 세상을 향한 탐욕을 버리고 쾌락을 좇으며 부자가 되려는 마음을 내려놓는 연습이 필요하다. 그것이 경건의 훈련이다. 바울은 이에 대해 그리스도를 아는 지식 이외의 모든 것은 똥처럼 버려야 할 것으로 여겼다. (빌 3:8) 그렇지만 세상에 몸담고 있는 우리로서는 쉽지 않은 싸움이다. 눈을 뜨면 온갖 세상 재물이 주는 유혹과 본능을 자극하는 쾌락이 생각을 사로잡는다. 모든 세상 사람들이 좇는 세상의 풍조를 떠나 세속적인 욕망을 내려놓은 것은 경건을 좇는 마음으로 채워질 때 가능하다. 마음은 비어 있지 않고 무엇인가로 채워지기 때문에 세상의 욕망을 버리고 그 자리에 경건한 마음으로 가득 채워 놓아야 한다. 내 능력으로는 불가능하며 나의 힘으로는 무척이나 어렵지만 성령이 내 안에 계실 때에는 가능하다. 그러므로 세속적인 욕망을 버리고 자신을 깨끗하게 하는 첫걸음은 경건의 유익을 소원하며 늘 성령님의 도우심을 요청하는 습관을 들이는 것이다.

7장

늘 하나님과 동행하라

하나님과 동행하라

'하나님과 동행하라'라는 말은 교회에서 자주 듣는 말이지만 구체적인 의미를 떠올리기가 쉽지 않다. 그래서 목사들은 설교 때마다 성도들에게 자주 언급하며 요청하지만 실생활에 쉽게 적용하지 못하는 상징적인 용어로만 교회 언저리에 자리잡고 있는 듯하다. 동행한다는 말은 함께 길을 가는 것을 말한다. 즉, 고단한 인생의 길을 하나님과 같이 걸어가는 것이다. 누구나 쉽게 이해할 수 있는 뜻이지만 이 말 속에는 간단치 않은 속내가 숨어 있다. 하나님과 동행한다는 말은 지속적인 순종으로 경건한 생활을 통해 생각과 말과 행동으로 하나님을 기쁘게 하는 것을 뜻한다. 이는 하나님과 영적으로 친밀하게 교제하며 경건한 삶을 통해 이뤄가는 상태이기도 하다. 이렇듯 속뜻을 헤집어보면 겉으로 드러난 단순한 의미에 비해 깊은 뜻이 숨어 있다.

필자는 하나님과 동행하는 필수적인 조건을 오랫동안 묵상하며 기도한 결과 딱 두 가지를 마음속에 정리할 수가 있었다. 그중 가장 중요한 요소는 생활 속에서 언제나 기도하는 습관을 갖는 것이다. 뭔가 특별한 비결이라도 기대했다면 실망스러울지도 모르겠다. 그렇지만 우리가 실행하고 있는 기도를 통해 일상의 삶을 늘 성령으로 충만하게 채울 수 없다면 하나님의 동행을 이끄는 기도는 아니다. 적지 않은 크리스천들은 기도를 성도의 의무로 간주하고 부족함을 느끼지만 기도를 실행에 옮기는 것이 쉽지 않다고 여긴다. 그래서 새벽 기도회에 꾸준히 참석해서 기도하는 것을 목표로 여기며 이를 실천한다면 어느 정도 충족이 된 것으로 내심 만족해한다. 새벽 기도회에 빠짐없이 참석하는 것도 바쁜 현대인의 삶에서 만만치 않은 도전이 되겠지만, 솔직히 그것만으로 할 일을 했다고 생각한다면 오산이다. 성령의 충만함을 유지할 수 있는 기도는 언제나 끊임없이 기도하는 것이다. 새벽 시간에 한 시간 이상을 기도하는 것은 기본이다. 일과 중에도 한가한 시간이나 퇴근 후의 저녁 시간에 틈을 내어 조용한 장소에서 기도해야 하며, 여유로운 토요일이나 일요일 오후에는 오랫동안 시간을 내어 깊은 기도를 해야 한다. 그뿐 아니다. 운전을 하거나 누군가를 기다리는 시간 등의 자투리 시간에는 깊은 기도는 못 하겠지만 하나님을 떠올리며 찬양하거나 감사하는 기도는 드릴 수 있다. 말하자면 하루 종일 기도하려는 자세를 가지고 이를 실천에 옮기는 것이 하나님과 동행을 할 수 있는 기도의 비결이다.

그래서 바울 사도는 쉬지 말고 기도하라고 하였고(엡 6:18, 살전 5:17), 예수님도 언제나 기도해야 할 것을 가르치셨다. (눅 18:1) 이는 많이 기도할 수 있는 시간을 내는 것도 필요하지만 일상의 삶 속에서 끊임없이 기도하려는 태도가 더 중요하다. 이를 위해서는 지금까지 살아왔던 생활 습관들을 정리할 필요가 있다. 텔레비전이나 컴퓨터에 붙어 앉아 시간을 허비하던 것을 과감하게 버려야 한다. 친구를 불러내어 하릴없이 시간을 보내거나 생각 없이 백화점이나 쇼핑몰을 배회하는 것도 접어야 하며 집에 들어오기만 하면 침대에 눕는 버릇이 있다면 이도 고쳐야 한다. 많은 사람들이 시간이 없어서 기도하지 못한다고 변명하는 것은, 실제로는 하고 싶은 것들의 우선순위가 기도보다 더 위에 있기에 기도에 할애할 시간이 없는 것이다. 그래서 기도행위가 어려운 것이 아니라 꾸준히 기도하는 습관을 들이는 것이 어렵다. 세상에는 우리의 관심을 빼앗고 시선을 붙잡아 두는 것이 너무 많기 때문이다. 기도는 성도의 의무라기보다 총알이 빗발치는 전쟁터에서 병사가 움켜쥔 총이나 다름없다. 총이 없다면 죽은 목숨이나 똑같기 때문이다. 이처럼 단호하게 쉼 없는 기도를 각오하지 않는다면 하나님과 동행하겠다는 생각을 버리는 것이 좋을 것이다.

하나님과 동행하는 또 다른 필수 조건은 성경을 읽고 묵상하는 것이다. 기도와 마찬가지로 성경을 규칙적으로 읽는 것도 만만치 않은 일이다. 왜냐면 다 아는 내용이라 흥미도 없지만 성경을 읽는 것에 관심이 별로 없기 때문이다. 학교를 졸업하면 책과 담쌓고 살며 일 년 내내 책 한 권 사보지 않는 형편에 매일매일 꾸준하게 성경을 읽는다는 것은 고역일 것이다. 그렇지만 성경 읽기는 하나님의 뜻을 알고 행하는 데 없어서는 안 되는 필수행위이다. 성경은 세상의 다른 책처럼 지식이나 정보를 전해 주는 책이 아니다. 성경은 하나님과 만나는 통로이다. 기도와 마찬가지로 성경을 통해 하나님과 교제하는 시간을 가지며 놀라운 능력을 받기도 한다. 어떤 사람은 기도는 열심히 하는 데 반해 성경을 소홀히 대하는 이도 있다. 이들은 하나님의 뜻을 정확하게 판단하지 못하고 신비주의자가 되어 자신을 특별한 종으로 착각하고 자기의 생각을 마치 하나님의 뜻인 양 퍼트리거나 사탄의 도구로 전락하기도 한다. 이들도 처음에는 신실한 하나님의 종으로 사역을 시작하였겠지만, 꾸준한 성경 읽기를 통해 사역의 방향을 대조하거나 점검하고 하나님의 뜻과 차이가 있는지를 검토하는 과정이 없었기에 처음에는 조그만 차이라도 나중에는 크게 벌어져 전혀 다른 길로 빠지게 되는 것이다.

> 하나님의 말씀은 살아 있고 활력이 있어 좌우에 날 선 어떤 검보다도 예리하여 혼과 영과 및 관절과 골수를 찔러 쪼개기까지 하며 또 마음의 생각과 뜻을 판단하나니(히 4:12)

성경을 꾸준히 읽는 습관은 하나님 나라의 비밀을 알게 되며 하나님의 뜻을 깨달아 행하게 하는 아주 중요한 행위로 매일 이를 실천해야 한다. 어떤 이는 다독을 주장하고 또 다른 사람은 정독을 주장하지만, 필자의 생각으로는 두 가지 다 필요하다고 본다. 그래서 필자는 아침에 정한 성경 읽는 시간에는 정독을 한다. 읽다가 더 자세히 알고 싶으면 성경의 각 권마다 그 분야에 세계적인 석학으로 알려진 저자가 집필한 주석(국제성서주석 등)을 참조하거나 신학사전, 성경사전, 성경어휘사전, 성경지도 혹은 영어독해에 자신이 있다면 다른 버전의 영어성경(King James Version, RSV, NASB 등)을 참고하며 읽어 내려가며 중요한 구절은 성경

기록 노트에 기록한다. 그리고 아침이 아닌 다른 시간에 읽는 방법은 꼼꼼하게 읽는 정독이 아니라 적절한 속도로 읽어 내려가는 것이다. 이때는 자동차 안에서 읽을 수도 있으므로 야간에 대비해서 북 라이트(Book Light)를 차에 비치하기도 한다. 또한 집이 아닌 교회나 다른 장소에서 읽게 된다면 그곳에 성경을 비치하거나 이동시 꼭 지참하고 다니면서 시간이 나면 읽으면 된다. 이때 필요한 사항은 읽다가 마음에 감동이 되는 구절이 있다면 노트에 기록하여 나중에 다시 꺼내 읽거나 암송에 도움이 되도록 성경기록노트를 휴대하기 바란다. 이렇게 읽는 방법으로 습관을 들인다면 하루에도 몇 번씩 성경을 읽는 시간을 가질 수 있다. 필자는 목사이고 책을 쓰는 작가이므로 이러한 독서법을 지킬 수 있겠지만 평신도인 독자들까지 군이 이러한 방법까지 동원할 필요가 있느냐는 의구심도 들 것이다. 그렇지만 평신도이든 목회자이든 성경을 사모하여 읽고 묵상하는 것을 즐겨하는 사람이라면 하나님이 기뻐하는 제자임에 틀림이 없다. 하나님의 말씀을 그리워하는 사람이기 때문이다. 하나님 앞에서는 평신도와 목회자의 구분이 없다. 귀하게 사용하기를 원하시며 다 똑같은 충성스러운 종일뿐이다. 또한 성경을 읽는 것은 세상의 다른 책처럼 힘들고 귀찮은 행사가 아니다. 하나님께서 함께해 주시고 말씀을 통해 즐겁고 기쁜 마음을 넣어 주시며 놀라운 평안을 주시기에, 다윗이 고백한 것처럼 꿀처럼 더 달고 맛있는 시간이 될 수 있는 것이다(시 19:10). 이처럼 성경을 매일 꾸준하게 읽는 시간을 통해 하나님과 동행하는 놀라운 비밀을 깨닫게 될 것이다.

사랑을 베푸는 삶을 실천하라

경건의 경지에 다다른 사람이나 가까운 사람이 아니라면 속내를 알 수는 없지만, 겉으로 드러내는 행동을 찬찬히 살펴보면 대략 알 수 있게 된다. 속에 품고 있는 생각들은 행위를 통해 나타나기 때문이다. 하나님을 두려워하며 세상을 향한 욕심을 버리고 온전히 그분의 뜻을 따라 살기를 애쓰며 하나님과 동행하는 것을 즐기는 경건한 사람인지 단번에 알 수 있는 것은, 가난하고 불우한 이웃에게 베푸는 손길을 보면 훤히 보인다. 경건한 삶에 많은 시간과 정력을 투자하고 예배나 기도행위를 위해 남달리 노력하며 해박한 성경 지식으로 다른 사람을 놀라게 하여도 가난한 이를 향해 손을 펼치지 않는다면 하나님이 기뻐하시는 경지에 이르기에 아직 멀었다.

> 예수께서 이르시되 네 마음을 다하고 목숨을 다하고 뜻을 다하여 주 너의 하나님을 사랑하라 하셨으니 이것이 크고 첫째 되는 계명이요 둘째도 그와 같으니 네 이웃을 네 자신 같이 사랑하라 하셨으니 이 두 계명이 온 율법과 선지자의 강령이니라(마 22:37~40)

하나님의 뜻을 한마디 단어로 말한다면 '사랑'이며 그 대상은 하나님이 첫째요, 우리의 이웃이 그 두 번째이다. 모든 율법과 계명이 여기에 초점을 맞추고 있으며 예수님이 몸소 보여주신 삶도 사랑 그 자체였음은 두말할 나위가 없다. 우리가 예수님이 기뻐하시는 제자로서 살아가는 척도는 하나님의 뜻인 이 사랑의 실천을 얼마나 삶에 적용하며 살아가느냐에 달려 있다고 해도 과언이 아니다. 하나님을 두려워한다면 그분의 명령에 가차 없이 순종하는 모습을 보여야 할 터이요, 우리를 위해 목숨을 바치신 예수님의 제자로 일생을 바치기로 마음먹었다면 그분의 유언인 사랑을 꿋꿋하게 실행에 옮겨야 할 것이다.

우리의 기대와는 다르게 성경은 부자에 대해 부정적이다. 대부분의 부자가 하나님보다 돈을 더 사랑하며 하나님의 뜻을 좇아 돈을 사용하기보다는 자신의 탐욕과 쾌락을 위해 돈을 쌓아두고 즐기려 하는 경향이 있기에 성경은 부자가 천국에 들어가는 것은 몹시 어려울 것이라고 단호하게 말한다. 예수님은 돈을 좋아하며 탐욕스레 부자가 되기를 원했던 바리새인들(눅 16:14)에게 가혹하리만큼 혹독한 책망을 서슴지 않았으며, 자신을 찾아온 부자 청년이 재산을 가난한 사람에게 나누어 주라는 명령을 받아들이지 못하고 떠나자 낙타가 바늘귀를 통과하기 어렵듯이 부자는 천국 백성으로서의 자격이 부족할 것이라고 잘라 말하기도 했다. 그렇지만 부자로서 하나님의 총애를 받아 성경에 그 이름이 기록된 이도 더러 있다. 값비싼 가격을 지불하고 사 두었지만 한 번도 사용하지 않은 자신의 무덤에 예수님의 시신을 안치시킨 아리마대 사람 요셉이 그러하고, 세리장 삭개오도 부자였지만 예수님이 많은 관심을 가지고 그 집에 묵고 싶어 했던 인물이었다. 삭개오는 비록 그 당시의 유대인이 싫어하던 직업인 세리의 우두머리였지만 자신의 재산의 절반을 가난한 이에게 나누어 주겠다고 말한 것으로 보아 가난한 이에게 베풀기를 즐기는 인물이었음이 분명하다. 이처럼 성경이 부정적으로 여기는 부자임에도 가난한 이를 불쌍히 여기고 베푸는 손길을 멈추지 않는 사람들에 대해 하나님의 나라를 보장하고 하나님이 기뻐하시는 제자임을 분명하게 밝힌다. 이처럼 하나님은 가난한 이에게 베푸는 손길을 지켜보고 계시며 자신의 자녀인 가난한 자들을 대신 돌보는 이들의 선행을 결코 잊지 않으신다. 그래서 귀히 사용하시는 제자들에게 간곡하게 부탁하신 명령이 이들을 불쌍히 여기고 가진 재산을 풀어 돌보아주기를 원하신다. 하나님의 평안을 바라며 형통한 삶을 원한다면 힘들고 어려운 경건의 훈련을 마다하지 않고 이를 배우고 익혀 평생 습관으로 몸에 배게 하여 이를 실천하는 것에 있다. 하나님은 누구나 자신의 뜻을 실행하는 이들을 가장 기뻐하시며 원하는 모든 좋은 것을 기꺼이 베풀어 주겠다고 약속하셨다. 이 약속을 받은 가장 가까운 자녀는 경건을 최고의 목표로 삼아 이를 매일의 삶에 적용하는 이임이 틀림없다.

책을 마치며

필자가 사역을 하며 살고 있는 곳은 충주 변두리의 한적한 시골이다. 자그마한 마을 꼭대기에 있으며, 뒤로는 아담한 산이 있고 옆으로는 고속도로가 지나가며 앞쪽에는 산과 밭이 어우러져 있는, 어디서나 흔하게 볼 수 있는 농촌 풍경이다. 필자가 살고 있는 마을의 주민들은 70~80대의 노인들이 대부분이다. 그분들은 일 년 내내 경로당에 모여서 10원짜리 심심풀이 화투를 치거나, 사소한 사건을 벌여놓고 엄청난 입담을 퍼붓는 TV 속의 엔터테이너들에게 한가한 일상을 맡긴 채 무료한 하루해를 보내고 있다. 그들은 필자가 영성학교라고 이름 붙인, 하얗고 너른 집에서 무얼하는지 도무지 관심이 없다. 그렇게 무정한 세월을 보내다가 하나둘씩 이 땅을 떠나갈 것이다. 영성학교에 다니고 있는 사람들을 제외하고는, 필자가 이런 시골구석에서 말도 안 되는 사역을 한다고 생각하기 십상일 것이다. 아시다시피, 8, 90년대에 정점을 찍은 후로 우리네 교회는 속절없이 떠내려가는 중이다. 어린 학생들이나 젊은이들이 교회에서 사라지고 있으며, 노인들만 드문드문 남아서 일생 해 오던 종교의식을 성실하게 수행하는 중이다. 평생 동안 해 왔던 신앙 행위인데 이제 와서 그만둘 이유가 없다. 그래서 하나님께 인생을 바친다고 신학교에 입학하여 졸업한 젊은 목회자들은 중견 교회나 대형 교회에서 전도사나 부목사로 경력을 쌓다가, 담임목사로 불러주는 곳이라면 어디라도 달려갈 태세이다. 지금 개척

을 한다는 것은 쫄딱 망한다는 것과 다를 바가 없기 때문이다. 물론 신도
시에서 번듯한 교회 건물을 구입하여 폼 나게 시작할 수도 있을 것이다.
그러나 그런 꿈을 꾸는 목회자들은 아버지의 교회를 물려받은 금수저이
거나, 장가를 잘 들어 처갓집에서 교회 건물을 지어 주었거나 둘 중의 하
나일 것이다. 그런 경우가 아니라, 시골구석에서 교회를 개척한답시고 눌
러앉아 있다면 정신이 나간 목회자일 게 뻔하다.

　필자가 하는 사역의 장소가 교회가 아니라 기도원이라면 하면서, 혹시
나 하는 기대감을 거는 이들도 있을지 모르겠다. 그러나 우리 주변에 기
도원 사역은 일찌감치 막을 내린 지 오래되었다. 필자가 3년 전에 충주에
처음 와서 월세 20만 원씩 주면서 세 들어 살았던 허름한 농가 주택의 주
인 어르신이 갑자기 돌아가시자, 집을 물려받은 치과의사인 부자 아들은
사람들이 북적거리는 게 싫어서 나가라고 하였다. 그래서 혹시나 해서 근
처에 기도원을 하던 건물들을 찾아가 보았다. 그랬더니 대부분 방치해서
폐허가 되어 있거나 장애인 시설 등의 다른 목적으로 사용하고 있었다.
기도원을 유지하는 곳이 한 군데도 없었다. 사실 우리네 주변에 타는 목
마름으로 기도하고 싶어서 기도원을 찾는 이들이 현저하게 사라진 지 오
래되었다. 겨우 명맥을 유지하는 곳은, 목소리가 큰 부흥사들이 약장사처
럼 뻥을 치면서 희망 고문을 하는 곳이거나, 아니면 대형 교회의 담임목
사가 운영하는 곳일 것이다. 왜 예전에 수도 없이 난립하던 기도원이 사
라지게 되었는지 아는가? 기도의 응답이 내려오지 않아서이다. 이는 새벽
기도회가 맥없이 명맥만 유지하는 것과 다르지 않다. 아무리 기도해도 응
답이 오지 않기에, 새벽기도회는 다른 교인들의 눈치를 보는 교회 중직자

들이 담임목사의 눈도장을 찍거나, 새벽잠이 없는 노인들이 하루 일과를 시작하는 곳이 되어 버렸다.

그렇다면 당신도 궁금할 것이다. 노인들만 듬성듬성 사는 한적한 시골에서 목회를 한다면, 밥이나 먹고 사는지 궁금하지 않겠는가? 필자가 3년 반 전에 평생 한 번도 와 보지 않은 충주의 한적한 시골에 왔을 때 그런 생각을 했었다. 대전에서 10년이 넘도록 아내와 화장품 방문판매를 하며 입에 풀칠을 하면서 하루 벌어서 하루 먹고 사는 것도 힘들었는데, 일면식도 없는 노인들이 살고 있는 시골 동네에 와서 어떻게 먹고살 건지 도무지 답이 나오질 않았다. 그래서 손가락만 빨다가 견디지 못하면 대전에 도로 가서 화장품 장사를 해야겠다는 생각이 절로 들었다. 필자가 이곳에 오게 된 이유는 성령의 명령 때문이었기에 처음부터 거절할 수 없었기에 말이다. 그렇게 3년 반이 흘러갔으며, 필자의 기우와는 반대로 지금도 잘 먹고(?) 잘 살고 있다. 짐작하셨겠지만, 필자는 이곳에서 교회 공동체를 할 생각이 전혀 없었다. 교회를 개척하려면 그동안 살고 있던 대전이나, 새롭게 이사를 오는 신도시에 가서 해야 하는 게 당연하지 않았겠는가?

> 그러므로 내가 너희에게 이르노니 목숨을 위하여 무엇을 먹을까 무엇을
> 마실까 몸을 위하여 무엇을 입을까 염려하지 말라 목숨이 음식보다 중
> 하지 아니하며 몸이 의복보다 중하지 아니하냐 공중의 새를 보라 심지
> 도 않고 거두지도 않고 창고에 모아들이지도 아니하되 너희 하늘 아버
> 지께서 기르시나니 너희는 이것들보다 귀하지 아니하냐 너희 중에 누가
> 염려함으로 그 키를 한 자라도 더할 수 있겠느냐 또 너희가 어찌 의복을

위하여 염려하느냐 들의 백합화가 어떻게 자라는가 생각하여 보라 수고도 아니하고 길쌈도 아니하느니라 그러나 내가 너희에게 말하노니 솔로몬의 모든 영광으로도 입은 것이 이 꽃 하나만 같지 못하였느니라 오늘 있다가 내일 아궁이에 던져지는 들풀도 하나님이 이렇게 입히시거든 하물며 너희일까 보냐 믿음이 작은 자들아 그러므로 염려하여 이르기를 무엇을 먹을까 무엇을 마실까 무엇을 입을까 하지 말라 이는 다 이방인들이 구하는 것이라 너희 하늘 아버지께서 이 모든 것이 너희에게 있어야 할 줄을 아시느니라 그런즉 너희는 먼저 그의 나라와 그의 의를 구하라 그리하면 이 모든 것을 너희에게 더하시리라 그러므로 내일 일을 위하여 염려하지 말라 내일 일은 내일이 염려할 것이요 한 날의 괴로움은 그날로 족하니라(마 6:25~34)

당신은 위 예수님의 말씀을 들을 때 가슴에 새겨지면서 '아멘'이 절로 나오는가? 필자도 그동안 인생 실패자로 빚더미에 앉아서 마구 떠내려갔던 지난 시절, 이 말씀이 도무지 와닿지 않았음은 물론이다. 그러나 지금은 아니다. 하나님의 능력과 은혜로, 세상의 어떤 교회에서도 볼 수 없는, 필요를 넉넉하게 채워주시는 하나님의 도우심으로 살아가고 있다. 이 글을 읽고 있는 어떤 분들은, 필자가 그동안 겪었던 것 같이 암울한 처지에 있는 분도 있을 것이다. 그렇다면 필자가 한 대로, 하나님을 부르는 기도에 일생을 걸어 보시라. 필자는 십 년이 넘는 세월 동안 오로지 하나님을 부르며 인생을 보냈다. 그리고 지금 이 글을 쓰고 있다. 그동안 기적과 이적을 수도 없이 경험했음은 물론이다. 인생이 불행과 고통에 휩싸여, 앞으로 어떻게 살아가야 할지 모르겠다고 눈물이 앞을 가리신다면 하나님을 간절히 부르는 기도를 시작해 보시라. 한 치 앞을 알 수 없는, 마지막이 가까워지고 있는 이 때에, 필자 역시 오랫동안 고생의 떡과 슬픔의 눈물을 마시며 살았던 인생 선배로서 말씀드리는 것이다.

행복을
잃어버린
크리스천

ⓒ 신상래, 2020

초판 1쇄 발행 2020년 12월 18일

지은이   신상래
펴낸이   이기봉
편집   좋은땅 편집팀
펴낸곳   도서출판 좋은땅
주소   서울 마포구 성지길 25 보광빌딩 2층
전화   02)374-8616~7
팩스   02)374-8614
이메일   gworldbook@naver.com
홈페이지 www.g-world.co.kr

ISBN   979-11-6649-105-4 (03210)

이 도서의 국립중앙도서관 출판예정도서목록(CIP)은 서지정보유통지원시스템 홈페이지(http://seoji.nl.go.
kr)와 국가자료공동목록시스템(http://www.nl.go.kr/kolisnet)에서 이용하실 수 있습니다. (CIP제어번호 :
CIP2020051943)